BUZZ

Título original ***Lady Sapiens: Enquête sur la femme au temps de la Préhistoire***

Publisher **Anderson Cavalcante**
Coordenadora editorial **Diana Szylit**
Editor-assistente **Nestor Turano Jr.**
Analista editorial **Érika Tamashiro**
Revisão técnica **Veronica Wesolowski**
Preparação **Sofia Soter**
Revisão **Tatiana Custódio e Daniela Franco**
Projeto gráfico **Estúdio Grifo**
Assistente de design **Lívia Takemura**
Foto de capa ***Estatueta de Vênus de Willendorf*, Lefteris Tsouris, 2018 / Shutterstock**
Ilustrações de miolo **Pascaline Gaussein**

Nesta edição, respeitou-se o novo Acordo Ortográfico da Língua Portuguesa.

Dados Internacionais de Catalogação na Publicação (CIP)
(Câmara Brasileira do Livro, SP, Brasil)

Cirotteau, Thomas
Lady Sapiens: Como as mulheres inventaram o mundo /
Thomas Cirotteau, Jennifer Kerner, Éric Pincas; tradução Andréia Manfrin Alves. 1ª ed., São Paulo: Buzz Editora, 2024. 208 pp.
Título original: *Lady Sapiens: Enquête sur la femme au temps de la Préhistoire*
ISBN 978-65-5393-109-1

1. Mulheres pré-históricas 2. Sociedade primitiva
I. Kerner, Jennifer. II. Pincas, Éric. III. Título.

Índice para catálogo sistemático: 1. História: Mulheres: Arqueologia 930.1082

Cibele Maria Dias – Bibliotecária – CRB-8/9427

Buzz Editora Ltda.
Av. Paulista, 726, Mezanino
CEP 01310-100, São Paulo, SP
[55 11] 4171 2317
www.buzzeditora.com.br

Thomas Cirotteau, Jennifer Kerner, Éric Pincas

Lady Sapiens

Como as mulheres inventaram o mundo

Tradução
Andréia Manfrin Alves

Datas e indícios-chave da investigação

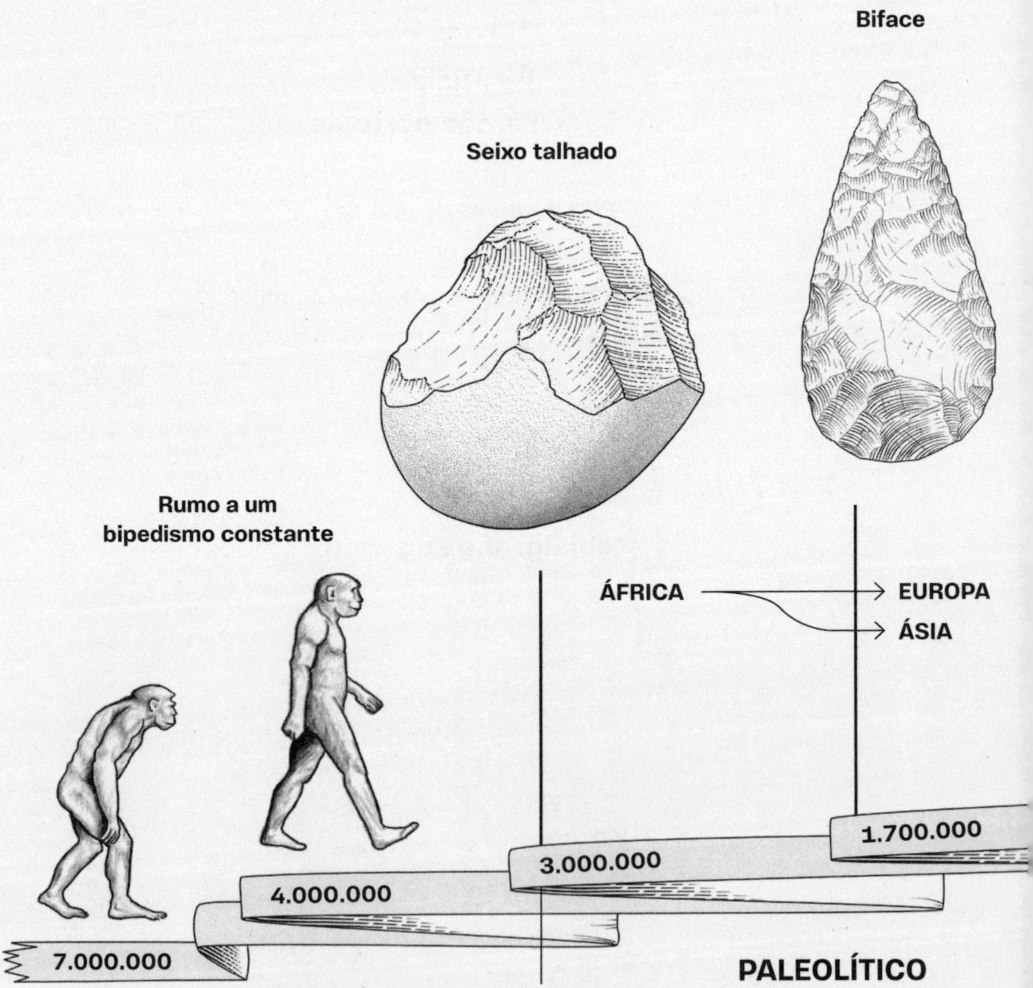

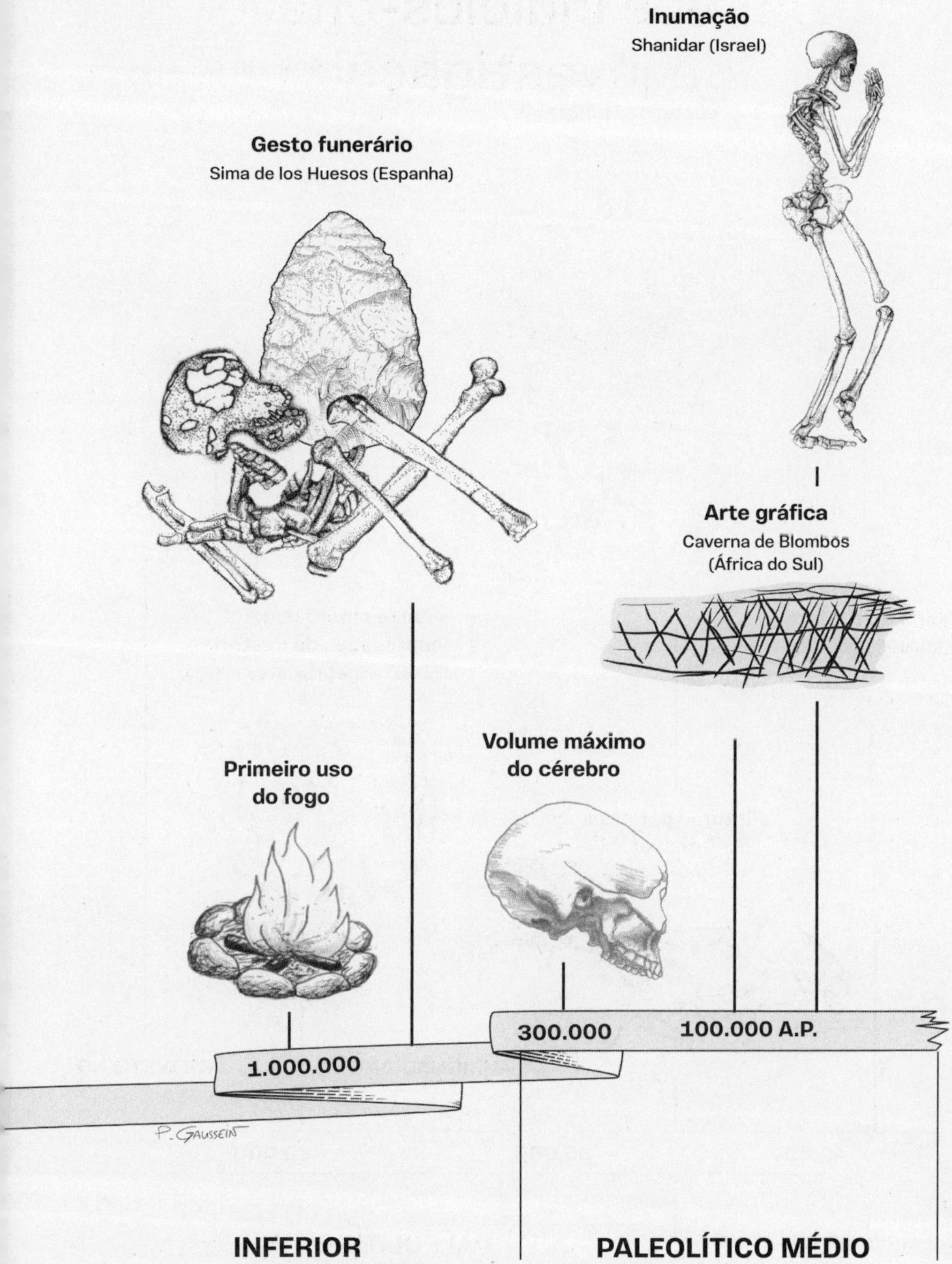

Inumação
Shanidar (Israel)
Gesto funerário
Sima de los Huesos (Espanha)
Arte gráfica
Caverna de Blombos
(África do Sul)
Volume máximo
do cérebro
Primeiro uso
do fogo
1.000.000
300.000
100.000 A.P.
P. GAUSSEIN
INFERIOR
PALEOLÍTICO MÉDIO

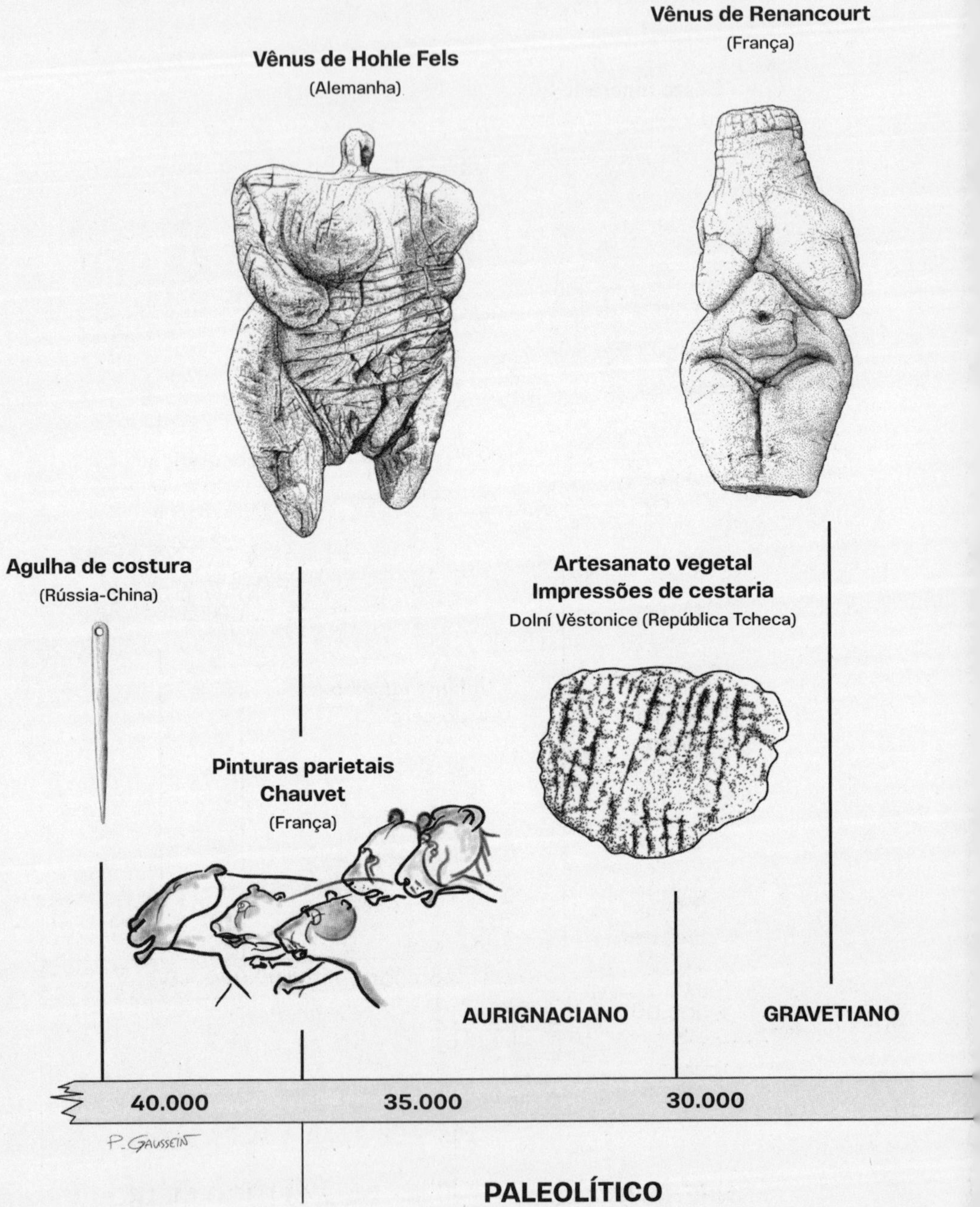
Vênus de Renancourt
(França)
Vênus de Hohle Fels
(Alemanha)
Agulha de costura
(Rússia-China)
Artesanato vegetal
Impressões de cestaria
Dolní Věstonice (República Tcheca)
Pinturas parietais
Chauvet
(França)
AURIGNACIANO
GRAVETIANO
40.000
35.000
30.000
P. GAUSSEIN
PALEOLÍTICO

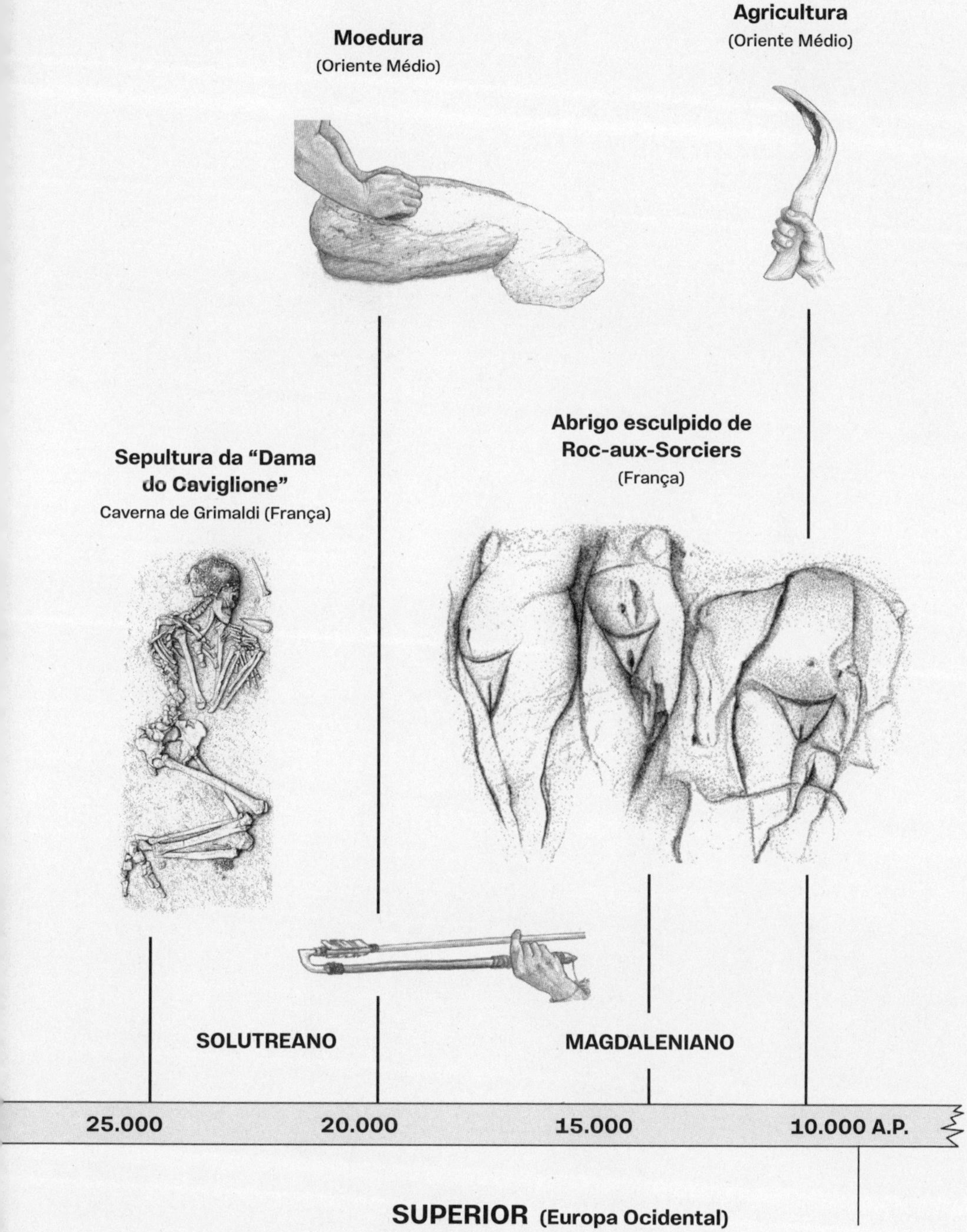

Agricultura
(Oriente Médio)
Moedura
(Oriente Médio)
Abrigo esculpido de
Roc-aux-Sorciers
(França)
Sepultura da “Dama
do Caviglione”
Caverna de Grimaldi (França)
SOLUTREANO
MAGDALENIANO
25.000
20.000
15.000
10.000 A.P.
SUPERIOR (Europa Ocidental)

Prefácio

A Pré-História foi, por muito tempo, escrita no masculino, e, quando a mulher era mencionada, pintavam-na como uma criatura indefesa e assustada, que vivia sob a proteção de homens caçadores superpoderosos. Desde que as fileiras dos pré-historiadores começaram a incluir mais mulheres, pouco a pouco, um quadro diferente se desenhou. Porém, entre a visão tradicional de uma mulher esmagada sob o jugo masculino e aquela, igualmente excessiva, de uma mulher caçadora igual ao homem, faltava um retrato rigoroso mais complexo, baseado em fontes arqueológicas e que, ao mesmo tempo, considerasse abordagens etnográficas. Foi a partir desse ponto de vista que busquei elaborar um inventário de todos os indícios arqueológicos, diretos ou indiretos, que nos deram informações sobre o lugar das mulheres nas sociedades dos caçadores-coletores pré-históricos. Essas fontes são os próprios esqueletos humanos, mas também os objetos que acompanham os corpos nos túmulos, as pegadas deixadas fortuitamente no barro das cavernas, as mãos impressas nas paredes a fim de marcar sua passagem, os vestígios materiais das atividades técnicas etc. Essa síntese apareceu em uma obra coletiva publicada pela Oxford University Press em 2019.[1]

Meu encontro com Éric Pincas e Thomas Cirotteau aconteceu em 2018. Eles já haviam começado a refletir sobre o projeto de um documentário[2] a respeito do lugar ocupado pela mulher na Pré-História, e eu lhes falei de meu artigo, que estava no prelo. Eles gentilmente me chamaram para acompanhá-los em seu trabalho, no papel de conselheira científica do documentário, e, depois, da experiência de realidade virtual que resultou no filme, e ainda no presente livro. Aceitei essa colaboração com entusiasmo. Foi assim que minha pesquisa publicada em inglês, que permaneceu bastante desconhecida na França, serviu de ponto de partida da investigação que culminou na realização do filme, lindamente intitulado *Lady Sapiens*. O objetivo do documentário e deste livro é divulgar ao maior número possível de pessoas os resultados dessa síntese sobre o lugar e o papel das mulheres na Pré-História.

Insisti no fato de que nada deveria ser imaginado ou deixado ao acaso, e que todas as hipóteses apresentadas no filme deveriam se basear em indícios relevantes. Foi a partir disso que ele gradualmente tomou forma. Éric e Thomas obviamente fizeram o trabalho essencial, mas conversamos muito para compilar uma

1 Sophie A. de Beaune, "A Critical Analysis of the Evidence for Sexual Division of Tasks in the European Upper Paleolithic". In: K. A. Overmann e F. L. Coolidge (Orgs.). *Squeezing Minds from Stones: Cognitive Archaeology and the Evolution of the Human Mind.* Oxford: Oxford University Press, 2019. pp. 376-405.

2 *Lady Sapiens.* Documentário de Éric Pincas, Thomas Cirotteau e Jacques Malaterre, dirigido por Thomas Cirotteau, produzido por Little Big Story e Ideacom International, 2021.

lista dos melhores especialistas da área que poderiam participar da empreitada. Foi assim que eles conduziram uma pesquisa de campo que acabou sendo a primeira sobre o assunto. Pré-historiadores, mas também paleogeneticistas, paleoantropólogos, historiadores da arte, etnólogos e outros especialistas foram convidados a contribuir com suas experiências. O documentário foi construído como um quebra-cabeça ou uma caça ao tesouro, e pode ser comparado a uma verdadeira investigação policial. Cada pista é acompanhada, do local da escavação aos tubos de ensaio dos laboratórios, e nenhuma resposta às perguntas é dada de maneira precipitada: elas são ponderadas, e os eventuais pontos de vista divergentes, confrontados. O resultado tem nuanças, e qualquer tipo de discurso militante foi banido a fim de alcançar a maior objetividade possível.

Este livro dá continuidade à aventura do documentário e retoma os argumentos que foram desenvolvidos nele. Mantendo-se rigoroso, foi escrito em uma linguagem clara, com o objetivo de ser acessível a um público amplo, que não seja especialista. Jennifer Kerner soube relatar a investigação conduzida por Éric e Thomas por meio de uma narrativa com um estilo vivo e expressivo. Ambos a acompanharam durante a escrita, e eu cuidei para que cada afirmação fosse justificada. Graças a essa aventura coletiva totalmente inédita, o leitor poderá ter uma ideia mais precisa do que hoje se pode dizer sobre essa Lady Sapiens.

Por que esse documentário e este livro hoje? O progresso das pesquisas sobre a Pré-História, baseadas em análises laboratoriais cada vez mais detalhadas e sofisticadas, permite fornecer respostas a enigmas que eram impossíveis de resolver há algumas décadas. A análise do DNA (ácido desoxirribonucleico) possibilita, por exemplo, determinar o sexo de um esqueleto, na falta de indícios osteológicos. É também possível rastrear patologias decorrentes do estresse no trabalho, o que era inatingível há apenas uma década. Além disso, os pesquisadores hoje são em grande parte pesquisadoras, que naturalmente expandiram a pesquisa para assuntos que haviam sido completamente ignorados, ou até desprezados, pelos colegas do gênero masculino. As atividades tradicionalmente tidas como masculinas, como a caça e o talhe de pedras, por exemplo, dominavam os holofotes; em parte, de fato, porque deixam mais rastros arqueológicos. As atividades supostamente femininas – o trabalho com peles, o preparo dos alimentos, o cuidado com as crianças pequenas – eram vistas como tarefas domésticas de pouca importância, quase acessórias, e não suscitaram muitas pesquisas, provavelmente porque os primeiros pré-historiadores viviam no século XIX, época em que as mulheres eram consideradas secundárias, tinham suas atividades restritas ao campo doméstico, e eram pouco valorizadas socialmente.

A investigação liderada por Éric e Thomas os levou a sítios de escavação e a laboratórios na França, na Alemanha, na Europa Central, no Oriente Médio e nos Estados Unidos. Não é minha intenção divulgar aqui os detalhes dessa investigação minuciosa e os resultados obtidos a partir dela. As páginas a seguir revelarão tudo isso ao leitor. Ele é convidado a descobrir o retrato que pôde ser feito dessa mulher que viveu durante o período chamado Paleolítico Superior (entre -40.000 e -10.000). Ele descobrirá o que se sabe hoje sobre o verdadeiro papel e o envolvimento dela nas tarefas cotidianas e na busca por recursos alimentares, e sobre seus talentos nas áreas do artesanato e da arte. Ele finalmente encontrará respostas para perguntas sobre a capacidade da mulher de conciliar o papel de mãe com o de membro efetivo da comunidade.

Uma vez reunidas as peças do quebra-cabeça, o leitor notará, talvez com algum espanto, que os papéis de uma e de outro não eram tão claros, e que foi a cooperação entre todos os membros do grupo, independentemente de sexo e idade, que permitiu sua sobrevivência. É graças a eles, e em especial graças à Lady Sapiens, que sobrevivemos e somos o que somos hoje.

Sophie A. de Beaune
professora da Universidade Jean Moulin Lyon III
e pesquisadora na equipe de Arqueologia Ambiental
do laboratório de Arqueologias e Ciências da Antiguidade,
consultora científica de *Lady Sapiens*

1

Lady Sapiens ressurge do passado

Em 11 de julho de 2019, às 16h30, uma estatueta pré-histórica emerge das areias da Picardia. É descoberta a silhueta de uma mulher com seis centímetros de altura. Trata-se da primeira encontrada na França há mais de sessenta anos. A Vênus de Renancourt, como foi batizada, é trazida à luz c evoca, em um eco distante, todas as mulheres da Pré-História. A emoção é grande entre os membros da comunidade científica; até o grande público percebe a magnitude da descoberta. Catherine Schwab, curadora do patrimônio do Museu Nacional de Arqueologia de Saint-Germain-en-Laye, fica maravilhada com a atração magnética que o objeto exerce: "Essas imagens falam conosco, nos comovem, nos interpelam. É fascinante ver que esses objetos não perderam seu poder depois de tantos milênios".

Essa descoberta é intrigante... Quem eram as mulheres da Pré-História? Elas realmente se pareciam com a estatueta? Qual era o papel, as atividades, a posição delas dentro das sociedades? Eram meras progenitoras ou grandes figuras míticas da fertilidade?

Membros subordinados do grupo ou verdadeiras fornecedoras de alimentos essenciais para a sobrevivência de seus congêneres? Puderam ser chefes, sacerdotisas, deusas? Tantas perguntas incitam a desvendar os mistérios da feminilidade pré-histórica. A descoberta excepcional da Vênus de Renancourt nos convida a ir ao encontro de Lady Sapiens e de todas as suas irmãs de carne e osso que desapareceram de nossas memórias.

Renancourt: Uma pequena Pompeia Paleolítica

|

A investigação começa na cidade de Amiens, um tesouro patrimonial perdido no fundo do departamento de Somme, suspenso entre a Idade Média e a era moderna. Foi ali que Jacques Boucher de Perthes estabeleceu as bases das primeiras pesquisas sobre a Pré-História, no século XIX. Desde então, o fio nunca mais foi rompido e os arqueólogos continuaram a escavar os sulcos dessa terra fértil em descobertas. A Vênus de Renancourt nos projeta para cerca de 27 mil anos antes do presente, uma datação possibilitada pelo trabalho de pesquisadores do Instituto Nacional de Pesquisas Arqueológicas Preventivas [Institut national de recherches archéologiques préventives – INRAP].

Em 2014, era urgente iniciar escavações no sítio de Renancourt, porque obras de desenvolvimento urbano arriscavam apagá-lo para sempre. Daí o recurso a arqueólogos do INRAP, que intervieram antes que os canteiros de obra começassem a ser preparados. Foi durante essas prospecções que Clément Paris, um jovem pesquisador, fez a descoberta mais extraordinária de sua carreira.

Pequena Pompeia Paleolítica, o campo de Renancourt é ideal para estudar a vida de nossos ancestrais. Ali, os objetos se moveram muito pouco desde que foram abandonados. No terreno milagrosamente intacto, as atividades cotidianas são reveladas à medida que os pesquisadores exumam os vestígios. Clément Paris não esconde o entusiasmo quando constata que as condições são favoráveis para fazer descobertas excepcionais:

> Os vestígios abandonados pelos povos pré-históricos quando partiram estão sendo desenterrados aos poucos. O solo de ocupação foi rapidamente coberto pelo silte trazido pelo vento. Esse rápido revestimento permitiu uma fossilização perfeita do solo.

A paisagem glacial é assim esboçada a cada pincelada do arqueólogo. O sítio de Renancourt foi ocupado por caçadores-coletores[3] pré-históricos: esses nômades se deslocavam de acordo com um ritmo sazonal, a fim de seguir os grandes bandos de cavalos, veados ou renas. Eles caçavam, pescavam, apanhavam conchas e colhiam plantas para se alimentar e se cuidar. Os humanos de Renancourt viveram em um período chamado Gravetiano, entre 28 mil e 22 mil anos antes do presente, na Europa, entre a costa atlântica e a Rússia Ocidental.

Em Renancourt, um desses grupos humanos montou um acampamento em um vale seco, em uma encosta de frente para uma falésia de calcário bege. Em uma posição altamente estratégica, esse vale estreito forma gargalos em alguns lugares, que permitem aos caçadores capturar suas presas. A caça era feita com a ajuda de longos fustes de madeira armados em suas extremidades com uma ponta de pedra ou de osso, resultando em lanças. Estas eram arremessadas diretamente com a mão ou com a ajuda de uma haste comprida que prolongava o braço do caçador e ter-

3 Nesta edição, optou-se por manter a forma caçador-coletor, usual em português, para garantir a melhor compreensão do sentido do termo. (N. E.)

minava num gancho, o que permitia decuplicar a velocidade e a força de penetração da lança através do movimento flexível do pulso. Esses instrumentos, chamados propulsores, eram decorados com delicadas estampas figurativas. Os humanos, portanto, associaram a arte da caça à arte em si.

Os numerosos ossos de cavalo encontrados no sítio de Renancourt também servem de argumento a favor da hipótese de caças bem-sucedidas nesse local. Para saber como eram os cavalos pré-históricos dos quais os humanos se alimentavam, é preciso voltar às representações da caverna de Niaux, em Ariège, que são surpreendentemente semelhantes aos incríveis cavalos Przewalski, pequenos equídeos que vivem hoje nas estepes da Mongólia. Atarracados, com uma cabeça imponente sobre um pescoço curto, eles têm uma pelagem castanho-avermelhada que desbota para um tom bege arenoso e termina com toques de preto em todas as extremidades (patas, cauda e focinho). É claro que já existiam outras pelagens no Paleolítico Superior. Geneticistas britânicos destacaram que a pelagem malhada, ou seja, pontilhada de pequenas manchas mais escuras em um fundo cinza, já adornava as garupas de alguns equinos. Essa peculiaridade da pelagem foi retratada nas paredes da caverna de Pech Merle, no departamento de Lot, onde os artistas carimbaram suas mãos.

O campo de Renancourt não era apenas perfeito para caçar cavalos, mas também para obter matérias-primas facilmente. O sílex e o calcário, úteis para a criação de diversas ferramentas, são abundantes perto desse campo. Ideal para criar ferramentas afiadas, o sílex era utilizado para cortar carne e trabalhar as peles usadas na criação de vestimentas, e também era empregado na moldagem de objetos menos essenciais para a sobrevivência. Nesse relicário suspenso no tempo, tesouros inesperados foram descobertos, evidenciando uma cultura refinada.

Tudo tem início em julho de 2014, quando Clément Paris e sua equipe desenterram os primeiros blocos de calcário. Ele ainda não imagina que acabou de desenterrar verdadeiras pepitas arqueológicas. A primeira dessas lindas figuras nuas está prestes a se revelar...

> Era o terceiro dia da escavação... A primeira Vênus parecia uma massa disforme de calcário... Decidimos recolher o monte de sedimento, e foi durante a escavação fina no laboratório que essa estatueta surgiu diante de nós... Até hoje, ela é a maior estatueta deste sítio arqueológico: mede doze centímetros. Não esperávamos por essa descoberta!

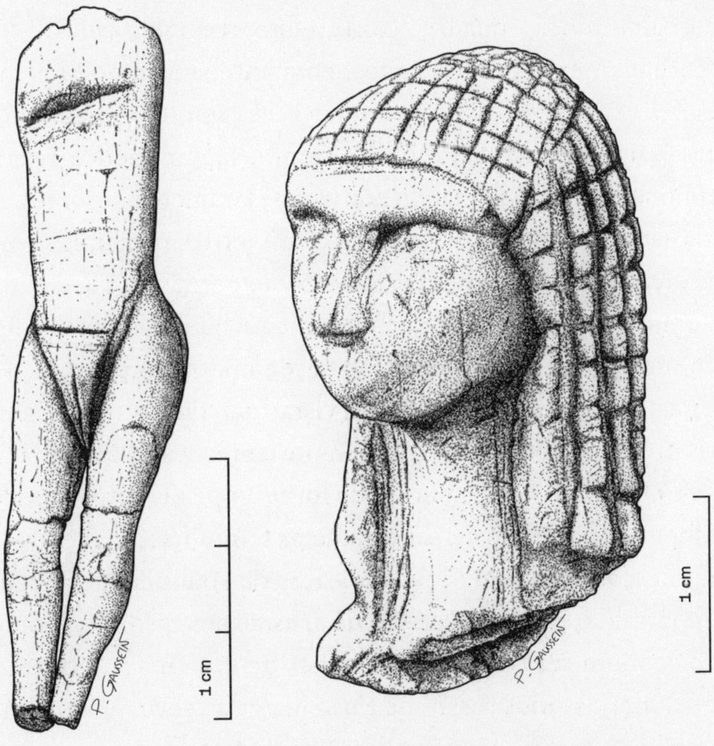

Vênus impudica (abrigo de Laugerie-Basse, Dordogne) e Vênus de Brassempouy (caverna do Papa, Landes), ambas esculpidas em marfim de mamute.

A fábrica das vênus

Uma pequena revisão histórica é necessária para entender melhor essa estatueta que Clément Paris nomeia como "Vênus". Esse termo foi escolhido pelos primeiros pré-historiadores do final do século XIX, para designar as representações "antediluvianas" de mulheres seminuas. Em 150 anos de pesquisa, quase cem dessas estatuetas foram encontradas, das margens do Atlântico às altas montanhas dos Urais. Apesar das disparidades de estilo – esbeltas, esquemáticas, obesas –, essas mulheres esculpidas em pedra, marfim ou osso têm características comuns. Seus atributos femininos – quadris, coxas, peito, triângulo vulvar – são acentuadamente pronunciados, enquanto seus membros mal são delineados. As cabeças, muitas vezes sem boca nem olhos e ligeiramente inclinadas para a frente, são um pouco desproporcionais ao corpo, quando não estão claramente ausentes. As estatuetas medem entre 1,5 e 22,5 centímetros, com uma média de cerca de dez centímetros. Sua função permanece sendo um enigma. Algumas apresentam perfurações que sugerem que ficavam suspensas em seu habitat, ou talvez amarradas pelo pescoço. Outras, mais imponentes, foram vistas por alguns como figurações grosseiras ou, ao contrário, representações de ídolas poderosas. O sítio de Renancourt pode fornecer pistas para entender melhor o simbolismo dessas estatuetas femininas?

A descoberta do ateliê de fabricação da Vênus de Renancourt é importante, porque os ateliês de artistas pré-históricos conhecidos podem ser contados nos dedos de uma mão... Podemos mencionar os sítios russos de Kostenki e Avdeevo, e também o de Dolní Věstonice, na República Tcheca. A caverna do Papa, em Brassempouy, na França, também foi interpretada como um ateliê pelo grande número de estatuetas encontradas e pelo fato de que duas delas se encaixam no mesmo bloco, o que indica que foram esculpidas no local. No entanto, as escavações realizadas na década de 1890 foram pouco cuidadosas: a localização exata dos vestígios não foi indicada nas plantas de escavação e os eventuais resíduos de fabricação não foram preservados, nem mesmo percebidos, pelos arqueólogos da época, que estavam mais interessados nas belas peças. Ora, esses pequenos esboços rejeitados pelo artista foram cuidadosamente evidenciados, registrados e preservados em Renancourt.

Durante cinco anos, Clément Paris e sua equipe desenterraram cerca de quinze Vênus, mais ou menos finalizadas ou quebradas. Todas elas têm marcas de modelagem, de retoque... Mas o ponto alto das descobertas data de julho de 2019.

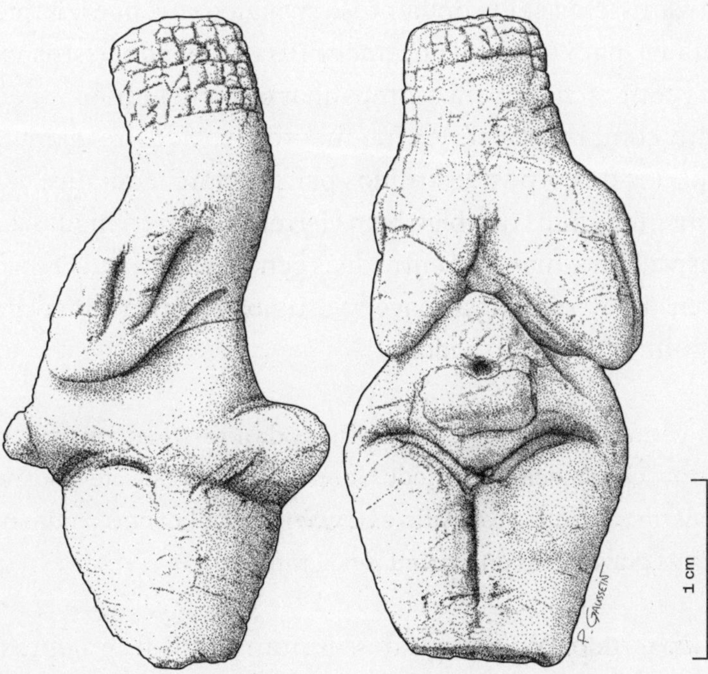

Uma das Vênus de Renancourt, esculpida em calcário.

Vem à tona enfim aquela que se tornará o ícone do sítio: a Vênus de Renancourt, uma estatueta de seis centímetros, finamente esculpida em calcário, com detalhes anatômicos, como seios proeminentes e nádegas arredondadas, totalmente alinhados com a estética das estatuetas desse período que remonta a 27 mil anos atrás.

Cada Vênus de Renancourt tem uma morfologia singular. A mais famosa delas usa uma pequena touca quadriculada que ela parece ter tomado emprestada da Vênus de Willendorf (Áustria) ou da Vênus de Brassempouy (França, ver p. 23). A primeira estatueta desenterrada em Renancourt foi construída sobre um traseiro tão generoso que serve de pedestal à senhorita, cuja parte superior do corpo é franzina e elegante. Em todas as estatuetas, "os atributos femininos foram destacados pelo artista. Enfatizam-se os seios opulentos, as nádegas exageradamente projetadas para trás", diz Clément Paris, fazendo gestos voluptuosos com as mãos para acompanhar os comentários.

Para completar a série, fragmentos isolados revelam algumas partes de corpos destruídos para sempre: aqui, um ventre rechonchudo com o umbigo bem visível; ali, um triângulo vulvar ostensivamente marcado entre duas generosas coxas... O sortudo descobridor desses inestimáveis vestígios enfatiza com orgulho a magnitude desses achados:

> As Vênus são objetos emblemáticos da Pré-História, mas ainda eram desconhecidas por todo o noroeste da Europa até a nossa descoberta... Graças a este sítio excepcional, duplicamos o número de Vênus gravetianas encontradas na França!

Isso não é tudo. A presença desses numerosos fragmentos em um espaço restrito permite constatar que Renancourt era, sem dúvida, um ateliê de artistas. Um raro testemunho.

> O primeiro elemento que nos colocou na pista de um ateliê de fabricação foi a quantidade de estatuetas... Quinze fragmentos de Vênus é muito! A segunda série de indícios foi a descoberta de fragmentos de calcário disformes que carregam rastros de ferramentas. Trata-se dos resíduos de fabricação: o que caiu do bloco durante a criação das Vênus. Finalmente, foi possível determinar que o calcário vem das falésias nas imediações do local...

Em Amiens, portanto, as provas são consistentes para sustentar a tese do ateliê: várias Vênus em estado de esboço e outras abandonadas como resultado de uma rachadura acidental. Os arqueólogos também observaram vestígios de ferramentas na superfície do calcário macio: a preservação desses rastros denota um trabalho inacabado. Graças aos métodos atuais de análise, os gestos e ferramentas usados por nossos ancestrais para dar à luz a Vênus de Renancourt não demorarão muito para passar sob o microscópio de especialistas que nos revelarão todos os seus segredos. As fotografias, por sua vez, já se pronunciaram. Ao aplicar filtros hábeis nas fotografias digitais, foram detectados vestígios de pigmentos vermelhos em um fragmento. "Uma das estatuetas foi pintada com ocre na altura do busto... A conservação desse exemplar é muito bonita, mesmo depois de 23 mil anos na terra!", surpreende-se Clément Paris, encantado com tal descoberta.

A presença de ocre nas Vênus pré-históricas foi evidenciada em outras estatuetas, como as de Kostenki (Rússia), Willendorf (Áustria), Dolní Věstonice (República Tcheca) ou Laugerie-Basse, na Dordogne (França), onde a primeira estatueta foi descoberta, em 1884, e batizada de "Vênus impudica" (ver p. 23). A presença desse corante mineral pode ter tido várias funções. A primeira é, claro, proporcionar uma cor diferente às estatuetas feitas de materiais unicolores. O ocre foi amplamente utilizado para esse fim nas paredes das cavernas pré-históricas, e é possível que também tenha sido usado para pintar detalhes em esculturas. Porém, outra função pode ser considerada: o ocre é um material que apresenta propriedades abrasivas e pode, portanto, ser utilizado para alisar a superfície de um objeto. De qualquer forma, a presença desse corante prova que estamos diante de obras nas quais foi aplicado um determinado acabamento.

Outros elementos refinados foram exumados no sítio. Se os artistas da época representavam mais facilmente as mulheres em seu aparato mais simples, Clément Paris também descobriu que os artistas de Renancourt souberam como criar adereços delicados: "Tivemos a incrível sorte de desenterrar ornamentos! Alguns feitos à base de elementos fósseis, incluindo turritelas."

Turritelas são charmosas conchas fossilizadas na forma de um saca-rolha, que foram cuidadosamente coletadas, provavelmente para serem costuradas em roupas. Clément Paris não aceita a hipótese de seu uso como elementos de colares ou pulseiras, porque elas não trazem os sinais característicos de desgaste ou atrito. O pesquisador observa que esses fósseis vêm de uma pedreira a pelo menos cem quilômetros de distância ao sul. Tal investimento de tempo para desenterrá-los sugere que se enfeitar era uma preocupação importante de nossos ancestrais. Esses finos ornamentos atestam irrefutavelmente a sofisticação dos adereços desses humanos do passado. Sua caixa de joias também estava repleta de outros elementos decorativos: em Renancourt, Clément Paris descobriu "rodelas de calcário tingidas com ocre feitas diretamente no sítio, da mesma forma que as estatuetas".

Com um diâmetro de três centímetros, essas rodelas apresentam uma perfuração central e seus contornos são decorados com pequenos entalhes que as fazem parecer margaridas. Algumas rodelas foram quebradas durante a fabricação, outras estão acabadas, e outras ainda foram encontradas no estado de esboço. Os vestígios dessas diferentes etapas de fabricação mostram que artistas versáteis viveram em Renancourt.

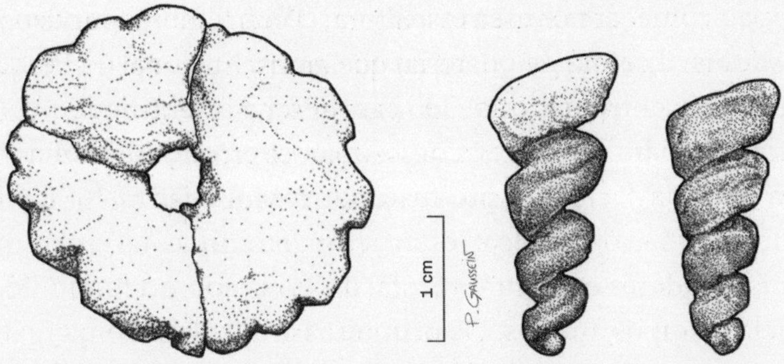

Ornamento esculpido em calcário e duas turritelas fósseis encontradas no sítio de Renancourt.

As rodelas perfuradas são bem conhecidas no Paleolítico Superior. Enquanto algumas delas foram interpretadas como brinquedos ópticos – quando giradas, suspensas por um fio, dão vida às figuras pintadas ou gravadas, como a camurça dançarina do sítio de Laugerie-Basse –, parece que os discos de Renancourt foram costurados nas roupas das mulheres, dos homens e das crianças. Suas vestimentas não deixavam nada a desejar se comparadas às nossas: as Vênus de Kostenki são um exemplo disso, com seus colares elegantes, cintos e imponentes braceletes para adornar sua nudez.

Libertar-se dos clichês

A Pré-História surgiu como disciplina por volta de 1860, e os pré-historiadores usaram sua sociedade e seu modo de vida como modelo para enxergar a Pré-História. Isso acarretou a invisibilidade da mulher.

É preciso começar por essa evidência, como lembra Marylène Patou-Mathis, diretora de pesquisa do Centro Nacional de Pesquisa Científica [Centre national de la recherche scientifique – CNRS] da França, para entender como os clichês que influenciaram nossa visão da sociedade pré-histórica foram criados. No final do século XIX, as voluptuosas estatuetas femininas fascinaram os pré-historiadores e orientaram seu discurso sobre a feminilidade daqueles tempos antigos. Os primeiros arqueólogos enxergaram nelas apenas as figuras da deusa da fertilidade. Além dessa representação supostamente divina, a mulher estava pura e simplesmente ausente do grande livro da Pré-História, ou relegada a uma posição subalterna.

De fato, nessa época, o lugar ocupado por cada um era atribuído com precisão. Além disso, a Bíblia tem um grande peso sobre a visão das mulheres e seu lugar na sociedade, reduzidas ao papel de "eterna inferior". A mulher "pecadora" é vigiada desde o nascimento até a morte, passando sucessivamente da tutela de seu pai, à do marido e à dos filhos. Os cientistas que descobriram a antiguidade humana naturalmente colocaram a figura masculina no centro de suas hipóteses. Afinal, não era assim que o mundo funcionava desde o início dos tempos? É o que parecem sugerir as primeiras fontes escritas e os grandes mitos greco-romanos que tanto influenciaram a sociedade do Iluminismo. Porém, isso não leva em conta os milênios de evolução que precederam o surgimento dessas civilizações, e que talvez respondessem a construções mentais e sociais diferentes das nossas. Para Marylène Patou-Mathis, não há dúvida: "a dominação masculina foi construída, não é intrínseca à humanidade".

No século XIX, impõe-se então uma visão da sociedade pré-histórica baseada nas representações dominantes do tempo, como aponta Sophie A. de Beaune, professora da Universidade Jean Moulin Lyon III:

> É preciso se deslocar a uma sociedade, no século XIX, em que a mulher não era levada em consideração. Na maioria das vezes ela ficava em casa, e os homens tinham um importante papel econômico e social; portanto, naturalmente, imaginava-se que o mesmo acontecia no Paleolítico, que o homem, caçador, era aquele que havia feito a humanidade avançar, e que foi graças à prestigiada caça de grandes mamíferos que chegamos onde estamos hoje. Então a mulher é completamente esquecida... Não se fala disso, ou, quando se fala, imagina-se que ela era a guardiã da casa e cuidava das crianças.

As representações museológicas e lúdicas disseminaram os preconceitos da época e ajudaram a propagar essas ideias reducionistas. Citemos, por exemplo, um diorama representando o abrigo de Cro-Magnon, concebido para a Exposição Universal de Paris de 1889: 32 milhões de visitantes puderam admirar o famoso "Homem de Cro-Magnon" cercado por duas mulheres deslumbrantes com a aparência de modelos e vestidas com uma simples saia, deixando os seios expostos ao olhar de todos.

Os artistas convencionais, detentores do bom gosto da arte oficial, também se deliciaram com os clichês difundidos pelos pesquisadores. De fato, a partir de 1880, a cena da vida pré-histórica tornou-se um gênero da moda. As grandes pinturas a óleo oferecem uma visão miserabilista das comunidades humanas do passado: personagens simiescas, vestidas com trapos, amontoam-se umas sobre as outras e lutam por sua sobrevivência. Nessas cenas da vida cotidiana, a mulher é retratada como uma figura especialmente medrosa. Sujeita à proteção masculina para sua subsistência, ela muitas vezes olha para seu valente caçador com uma expressão suplicante ou admiradora. Ela é, ainda mais frequentemente, assediada por um bando de crianças que dificultam seus movimentos e a limitam à esfera doméstica. Como ressalta Élisabeth Couturier, jornalista e crítica de arte,

> essas pinturas, como *A caça pré-histórica* ou *Duas mães*, de Léon Maxime Faivre, ou *Encontro perigoso* e *Um rapto na idade da pedra*, de Paul Jamin, são destinadas a salões burgueses. Os artistas querem, desse modo, transmitir os valores da burguesia: a mulher dona de casa e a mãe amorosa. Ao observar essas obras, é possível entender muito mais sobre as relações homem-mulher no século XIX do que sobre essas relações na Pré-História!

Michèle Julien, diretora de pesquisa emérita do CNRS, ressalta esse ponto, lembrando como essa visão é pouco realista, dado o conhecimento científico sobre o assunto:

> A realidade da mulher da Pré-História é, sem dúvida, muito distante do clichê que criaram a respeito dela no século XIX! Pesquisas em antropologia mostraram que, entre todos os caçadores-coletores atuais, as mulheres têm muitas atividades, e não ficam sentadas ao lado da lareira amamentando o bebê o dia todo e esperando que alguém lhe traga a comida!

No entanto, o estrago já foi feito: artistas acadêmicos causaram uma impressão duradoura na mente do público. Essas imagens se impuseram no imaginário dos cineastas a ponto de forjar os cenários estereotipados dos filmes do século XX. É a um filme de Buster Keaton de 1923, *As três idades*, que devemos a abertura do baile dos clichês populares sobre a mulher da Pré-História, embora seu autor proponha uma visão irônica sobre a mentalidade dos homens de seu tempo. Keaton mostra uma mulher frágil, muito maquiada, vestida com uma simples pele de animal, que se deixa arrastar pelos cabelos até a caverna como se fosse uma rês ou um simples objeto.

Na década de 1950, a mulher pré-histórica se transforma em uma loira oxigenada, objeto sensual de desejo, pouco vestida e regularmente sexualizada. O filme *Mil séculos antes de Cristo*, de Don Chaffey, lançado em 1966, leva ao clímax essa erotização, encarnada pela sex symbol Raquel Welch. Essa imagem permanece ligada à cultura popular até os dias atuais. É certo que as mulheres agora são representadas como mais ativas e menos limitadas ao papel materno; porém, permanecem como personagens secundários. O enredo é obviamente sustentado por um herói masculino, e as atrizes são escolhidas de acordo com os critérios de beleza do momento. Apenas o filme de Alain Chabat, *RRRrrrr!!! – Na Idade da Pedra*, do início dos anos 2000, propõe um deslocamento humorístico ao apresentar uma mulher "viril", pouco graciosa e mentalmente idiota, nos braços de um homem magricela. Enfatizando propositalmente seu viés quase militante, o diretor coloca a apreciação da beleza relativa da mulher no centro do discurso. Em cada uma de suas aparições, seu marido exclama: "Você conhece minha esposa? Ela é linda, não é?". Com essa gigante inútil e completamente muda, Chabat nos apresenta uma mulher da Pré-História no auge de sua caricatura.

É possível se perguntar se a cultura popular permaneceu presa a uma imagem da feminilidade pré-histórica que hoje é refutada pela maioria dos pesquisadores atuantes, especialmente porque as questões de gênero durante a Pré-História só foram abordadas há algumas décadas. As pesquisas do século XX ainda estão, de fato, amplamente permeadas pelos preconceitos do século anterior. O simpósio internacional sobre os caçadores-coletores, intitulado "Man The Hunter" [O homem caçador], realizado em 1965 na Universidade de Chicago, deu o tom para as três décadas seguintes de pesquisa. Com o título revelando um ponto de vista muito masculino, esse encontro condenou as mulheres da Pré-História ao silêncio, e a caça foi imediatamente considerada um elemento central para explicar a evolução humana. O tema da mulher, de tão negligenciado, tornou-se invisível, mesmo indizível. Só mais tarde a hipótese de "mulheres coletoras" foi proposta para corrigir a omissão das mulheres e de suas atividades nas reconstituições. "As antropólogas feministas estadunidenses da década de 1970 iniciaram uma reviravolta na história da pesquisa sobre mulheres da Pré-História", explica Marylène Patou-Mathis.

Hoje, muitos estudos estão sendo conduzidos por pré-historiadores preocupados em devolver às mulheres seu devido lugar na história da humanidade. Entretanto, ainda há um trabalho de desconstrução a ser feito pelos cientistas, a fim de desmantelar os preconceitos dos próprios acadêmicos.

Desde a década de 1970, pesquisadores e pesquisadoras iniciaram um debate útil sobre o lugar das mulheres nas atividades cotidianas pré-históricas. Longe da imagem de Épinal, que a retrata como uma criatura passiva, Lady Sapiens não pode mais permanecer escondida atrás desses espelhos distorcidos dos parques de diversões... Chegou a hora de pintar um retrato objetivo da mulher dos tempos paleolíticos. Ninguém parece querer se opor à ideia de que as mulheres contribuíram amplamente para a evolução de nossa espécie. Recordemos, aliás, que o emblemático sítio de Cro-Magnon, no vale do Vézère (Dordogne, França) – que deu origem à expressão "*homem* de Cro-Magnon" para designar a forma da humanidade da qual somos os herdeiros –, abrigava o esqueleto de uma mulher! Ademais, as descobertas arqueológicas dos últimos anos nos levam cada vez mais a retornar a nossas construções mentais. Portanto, é urgente convocar as pesquisas do século XXI e considerar um encontro com uma Lady Sapiens mais verossímil. Para isso, os cientistas tiveram que se reinventar e intercambiar seus conhecimentos de modo interdisciplinar, a fim de entender melhor a mulher da Pré-História. Entre essas ferramentas, a etnoarqueologia ocupa um lugar de destaque.

A etnoarqueologia em socorro dos pré-históricos

Com o objetivo de oferecer um novo olhar, os cientistas dos últimos cinquenta anos desenvolveram novos métodos de investigação para entender melhor o passado. Um deles é a etnoarqueologia. Ela permite antecipar hipóteses interessantes, como Sophie A. de Beaune aponta:

> A etnologia, isto é, o estudo dos povos de caçadores-coletores atuais, pode ser usada para entender melhor os modos de vida das populações do Paleolítico. [...] A etnologia permite ampliar o campo de possibilidades, pois as soluções usadas para se adaptar ao meio ambiente são variadas. Ela também permite descartar algumas hipóteses esquisitas, que nunca foram observadas em nenhuma população atual ou que já tenha existido.

Dado que vivemos em uma sociedade cada vez mais globalizada, cujas especificidades regionais estão desaparecendo, o conhecimento adquirido sobre os estilos de vida das populações de caçadores-coletores abre outras perspectivas para os pré-historiadores. A incrível diversidade de culturas do passado e do presente oferece novos horizontes interpretativos. Michèle Coquet, diretora de pesquisa do CNRS e antropóloga especializada nas produções estéticas das populações cultivadoras da África Ocidental, enfatiza essa riqueza cultural:

> Setecentos mil caçadores-coletores na Amazônia, divididos em duzentos grupos diferentes, cada um com sua linguagem, suas tradições, sua cosmogonia, seu sistema de parentesco... Isso dá a noção da diversidade possível de populações entre os povos pré-históricos!

Para muitos pré-historiadores, a força da etnoarqueologia reside na sua capacidade de "deslocar o olhar contemporâneo". Claudine Karlin, engenheira de pesquisa aposentada do CNRS, pôde, inclusive, mensurar isso durante sua estadia junto dos povos nômades da Sibéria:

> Quando refletíamos sobre as carnes consumidas na Pré-História, tínhamos a tendência de basear nossas reflexões sobre nossos valores ocidentais: isso é um erro! Na verdade, um pedaço de carne com mais gordura do que músculo não é um pedaço inferior para essas populações que viviam no frio, muito pelo contrário!

Apesar de suas muitas vantagens, a prática da comparação etnográfica deve ser usada com cautela. Michèle Coquet adverte contra a assimilação dos atuais caçadores-coletores com seus homólogos antigos:

> Os caçadores-coletores contemporâneos raramente estão perfeitamente isolados; muitas vezes, mantêm contato com populações que dispõem de meios técnicos e de subsistência diferentes dos seus. Então eles não são "fósseis" vivos!

A posição é compartilhada por Sophie A. de Beaune: "Não se trata de aplicar esses dados etnológicos aos vestígios arqueológicos, pois os povos caçadores-coletores de hoje obviamente não são seres pré-históricos".

Nossa investigação, portanto, não nos levará apenas a explorar o passado, mas também a percorrer outros caminhos. Das sociedades longínquas que viviam em harmonia com seu ambiente natural aos segredos de nossos próprios genes, faremos uma viagem até as profundezas de nossa humanidade comum... para devolver às mulheres de ontem e de hoje um lugar mais justo na história de nossa espécie.

2

O verdadeiro rosto de Lady Sapiens

Além dos clichês herdados dos séculos passados, é possível, hoje, criar um esboço preciso de Lady Sapiens. Começando por decifrar os vestígios arqueológicos, é claro, mas não apenas eles... Os fósseis foram um dos primeiros materiais de estudo para os arqueólogos, que às vezes se apressavam em estimar o sexo de um indivíduo sem ter nenhuma prova concreta – assim, o Homem de Menton, descoberto em 1872 por Émile Rivière, foi depois rebatizado de Dama do Caviglione. Voltaremos a isso. Para conhecer melhor as mulheres da Pré-História, é necessário primeiro distinguir seus esqueletos daqueles dos homens. Mas como estimar o sexo de fósseis antigos? Hoje, outras ferramentas de investigação permitem aos pesquisadores restaurar seu verdadeiro rosto e, em particular, as formas de sua silhueta. Existem várias soluções, e os métodos estão sempre sendo melhorados, seguindo os avanços científicos.

O sexo dos fósseis

I

Ler nos ossos

Os esqueletos humanos são excelentes indicadores. Eles nos informam sobre as populações do passado: desenham-se a estatura e a aparência de nossos ancestrais, e sua imagem se torna mais familiar, menos distante. Infelizmente, nem todos os ossos permitem estimar o sexo de um indivíduo, e os pioneiros da arqueologia pré-histórica não podiam fazer diagnósticos verdadeiramente confiáveis com base apenas nessas pistas...

Após décadas durante as quais o crânio estava no centro das pesquisas sobre a alma e a inteligência, é natural que os primeiros arqueólogos do século XIX tenham se debruçado sobre as cabeças ósseas para tentar entender e identificar nossos ancestrais. Esses crânios foram explorados para defender ideias evolucionistas que hoje são muito constrangedoras. Os naturalistas da época pensavam que podiam ler na forma do crânio o pertencimento a uma "raça" mais ou menos evoluída. O volume da caixa craniana e, consequentemente, do cérebro também era considerado um bom indicador da inteligência. O tamanho do cérebro mostrava, assim, quais fósseis eram dignos de ser tratados como nossos parentes mais próximos. Essa visão reducionista e "cefalocêntrica" fez uma vítima: Lady Sapiens. Ela ostentava um cérebro menor do que o de seus homólogos do sexo masculino, um indício de sua frágil inteligência, suficiente para lançar uma campanha de desvalorização dela. O crânio tem um volume proporcional ao tamanho do esqueleto e, portanto, é lógico que a capacidade craniana das mulheres seja, em média, menor que a dos homens. Veremos mais adiante que isso de forma alguma prejudica a inteligência delas.

Assim, o volume da caixa craniana foi muitas vezes usado para distinguir indivíduos do sexo feminino das sociedades pré-históricas estudadas. Os cientistas também se baseavam na robustez de certas inserções musculares e na espessura do osso que sobrepõe as órbitas oculares. Porém, esses critérios não são muito confiáveis quando ignoramos os padrões métricos da população à qual o indivíduo estudado pertence. Ora, o dimorfismo craniano, ou seja, as diferenças nas características dos crânios em função dos sexos, é muito pouco conhecido no Paleolítico Superior. Sobretudo porque esse método tem uma tendência infeliz de fazer as mulheres de uma certa idade desaparecerem da paisagem. É isso que Sébastien Villotte, pesquisador do CNRS ligado ao laboratório Da Pré-História à Atual: Cultura, Meio Ambiente e Antropologia [De la Préhistoire à l'Actuel: Culture, Environnement et Anthropologie, PACEA], de Bordeaux (França), nos diz:

> Foi demonstrado que as regiões do crânio que apresentam dimorfismo sexual são afetadas pela idade; esses estudos sugerem que o crânio das mulheres se torna cada vez mais "masculino" à medida que elas envelhecem. Pouco se sabe, todavia, sobre os mecanismos e a dimensão desse fenômeno.

Então, foi preciso abandonar os estudos antigos que afirmam restituir o sexo dos indivíduos pelo tamanho do seu queixo!

A pelve, uma primeira chave

Os pesquisadores do final do século XX, então, analisaram o osso coxal, ou seja, um dos ossos formadores da bacia. Durante muito tempo ele foi o único aliado dos antropólogos que desejavam conhecer o sexo de um defunto, porque "certas medidas do coxal permitem estimar o sexo do indivíduo", como nos ensina Sébastien Villotte.

Se esse osso da bacia é privilegiado para identificação sexual, é porque é o único osso do corpo humano cuja morfologia está relacionada à possibilidade ou não de dar à luz. A cintura pélvica da mulher deve, de fato, atender a muitas necessidades, enquanto a do homem precisa se adaptar a apenas duas funções: a de caminhada e a de apoio visceral. O pesquisador sustenta sua demonstração apresentando-nos duas bacias completas (ver figura da p. 41); imperceptível aos não iniciados, a diferença lhe salta aos olhos: uma, estritamente desenhada para caminhar, é alta e estreita; a outra, mais larga, tem um espaço circular no centro para facilitar a passagem do bebê:

> A mulher sofre duas restrições contraditórias no nível da pelve: a da locomoção e a da parturição de uma criança cuja cabeça é imponente. As proporções da bacia feminina são muito "restritas": podemos, portanto, determinar seu sexo com muita precisão... com taxas de confiabilidade superiores a 95/98%.

O problema é que o osso coxal é um dos mais frágeis do esqueleto humano. Esse osso chato é especialmente fino, o que o torna quebradiço com o tempo. Muitas vezes ele se desfaz nas mãos quando o esqueleto é extraído da sepultura. Para resolver esse problema, Sébastien Villotte recomenda "adotar certas medidas no momento da escavação, pois esses ossos são mais bem preservados in situ".

Para harmonizar as medições e sua interpretação, um método revolucionário foi criado por antropobiólogos de Bordeaux na década de 1990: o método DSP (diagnóstico sexual probabilístico). Associado a um software, ele orienta arqueólogos em suas pesquisas de campo e no laboratório. Graças a essa preciosa ferramenta que Sébastien Villotte utiliza em sua prática cotidiana, "não precisamos ter todas as medidas para estimar o sexo. Qualquer combinação de quatro medidas é suficiente".

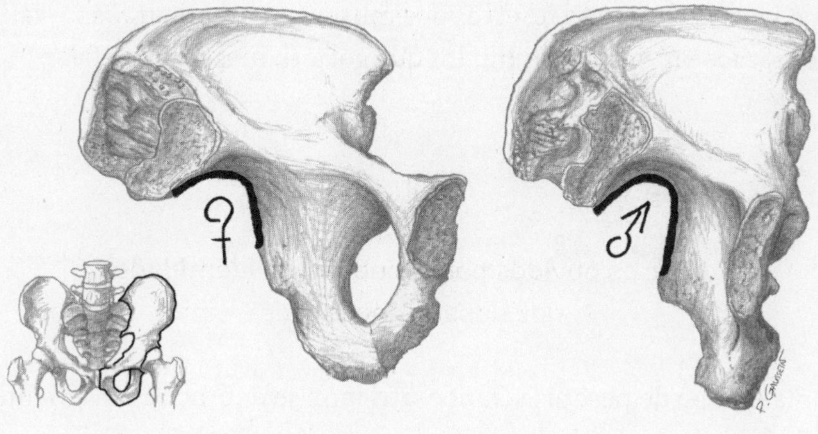

Osso coxal de mulher (à esquerda) e de homem (à direita). Constata-se uma diferença na abertura do ângulo.

Essa técnica engenhosa tem somente um inconveniente: ser capaz de analisar apenas indivíduos que já passaram pela puberdade. Porque, apesar de o osso coxal constituir um só elemento na idade adulta, ele é originalmente composto por três ossos conectados por cartilagem. Somente por volta dos catorze anos, no momento da puberdade, essa cartilagem ossifica para formar o osso inteiro que os arqueólogos podem medir, e é a partir dessa idade que as bacias femininas e masculinas começam a se diferenciar. Toda a classe "imatura" da população pré-histórica permanece, portanto, com o sexo indeterminado.

Apesar da eficácia do método DSP, os pesquisadores encontraram a necessidade de desenvolver outro protocolo para estimativa sexual dos esqueletos. Deixar de fora indivíduos imaturos realmente alimentava uma verdadeira frustração! Além disso, são numerosas as sepulturas nas quais a bacia foi pulverizada pelo peso dos sedimentos... Sem mencionar que os escavadores dos primórdios desenterraram várias sepulturas de importância capital, mas preservaram apenas os crânios! As reservas dos museus, portanto, transbordam de crânios pré-históricos mudos que gostaríamos de fazer falar.

Abrir os ouvidos para penetrar na identidade dos nossos ancestrais

Uma equipe de pesquisa franco-africana se debruçou novamente sobre a cabeça de nossos ancestrais para encontrar outras pistas para o dimorfismo sexual. Diante de seu software em 3D, em seu laboratório na Universidade Toulouse III – Paul Sabatier, o professor José Braga, coordenador dessas pesquisas, definiu um método que está prestes a revolucionar a abordagem da estimativa sexual dos antigos esqueletos:

> Estamos trabalhando com uma ferramenta chamada microtomografia. Ela possibilita obter uma imagem tridimensional e seccionada de um objeto arqueológico digitalizado. Ao elaborar essa reconstituição digital de parte do crânio, podemos criar uma moldagem a partir do negativo dos órgãos que estavam presentes no osso antes da decomposição. É assim que podemos obter imagens precisas em 3D de um órgão da orelha interna chamado cóclea.

A cóclea é de fato rica em informações. Esse pequeno órgão em forma de caracol, com pouco mais de um centímetro de tamanho, está escondido na orelha interna. No início de suas pesquisas, José Braga e seus colegas observaram diferenças nas torções da espiral coclear. Ansiosos para descobrir a origem dessas diferentes conformações, eles modelaram 94 ossos usando imagens de pacientes vivos, franceses e sul-africanos, cuja idade e sexo eram, portanto, conhecidos. As conclusões não tardaram a aparecer: "Essas diferenças estão relacionadas ao sexo, e não à origem geográfica".

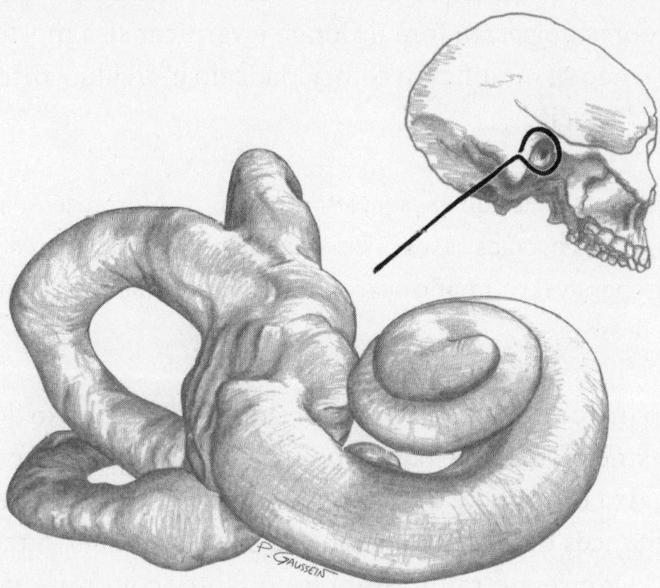

A cóclea: órgão da orelha interna medindo pouco mais de um centímetro, que torna possível conhecer o sexo de um indivíduo por análise morfológica.

Para o especialista, isso não é nenhuma surpresa:

> Nós esperávamos encontrar uma variabilidade morfológica na orelha interna, porque já sabíamos que existem diferenças na percepção das

altas frequências dentro de nossa espécie. Quando são feitas medições fisiológicas sobre a precisão com que essas altas frequências são ouvidas, verifica-se que as mulheres têm uma melhor sensibilidade, um poder de discriminação desses sons melhor do que os homens.

As perspectivas arqueológicas são imensas, pois – ao contrário dos métodos que envolvem todo o crânio – não é necessário conhecer a morfologia da população de referência para fazer um diagnóstico sexual sobre um esqueleto. Com base nessa boa notícia, os pesquisadores quiseram ir mais longe e verificar se a morfologia desse osso não se modificava com a idade do indivíduo, diferente dos ossos da bacia:

> Estudamos a cóclea de 22 esqueletos juvenis do Museu de Anatomia de Estrasburgo, cujos sexos já eram conhecidos. Então percebemos que era possível estimar o sexo de indivíduos imaturos a partir da forma desse osso.

Esse novo método permite ao pesquisador estimar o sexo do indivíduo mesmo quando ele não atingiu a idade adulta. Além disso, como a caixa craniana é a parte mais bem preservada do esqueleto, as chances de encontrar a cóclea são excelentes. A taxa de confiabilidade segue muito impressionante, com um diagnóstico que se mostra preciso em 95% dos recém-nascidos testados. Uma pequena revolução no mundo da Pré-História, que acabará por tornar possível discutir o sexo das crianças. "Ao contrário da análise de DNA, nosso método não é destrutivo!", comemora José Braga, feliz por ter desenvolvido um protocolo confiável, pouco oneroso, e que também tem vantagens em termos de conservação do patrimônio.

De fato, evitar extrair amostras de material de um esqueleto pré-histórico é crucial quando os fósseis estudados são antigos e únicos... Mas as análises de DNA usadas regularmente ainda se mostram a maneira mais segura de estudar as populações pré-históricas e determinar o sexo dos indivíduos.

O DNA também fala

A análise de DNA permite identificar com precisão o sexo dos indivíduos. Professora de paleogenética, etnobióloga ligada ao Museu Nacional de História Natural e autora de *L'odyssée des gènes* [A odisseia dos genes], Évelyne Heyer se entusiasma com as informações que essas cadeias de DNA trazem:

> A diferença entre os homens e as mulheres é facilmente visível no DNA, porque eles não têm os mesmos cromossomos. Apenas o homem tem um cromossomo Y. Além disso, é possível determinar o sexo dos esqueletos com muito pouco DNA!

Esse material genético é, portanto, uma mercadoria preciosa, mas infelizmente frágil e rara. De fato, "o DNA se degrada muito em certos contextos – nas zonas tropicais, por exemplo –, mesmo em períodos recentes. Depois de cinquenta ou cem mil anos, ele está muito danificado, é difícil tirar qualquer coisa disso". Esses problemas de conservação impedem o uso sistemático dessas análises.

> A contaminação dos elementos genéticos de nossos ancestrais, pelo contato com o DNA moderno dos arqueólogos, também é um obstáculo significativo. Agora existem técnicas para separar o DNA antigo de seu homólogo moderno, como a filtração, que remove qualquer poluição. Mas essa separação leva tempo e é cara. Esse custo explica

por que o diagnóstico sexual baseado na análise do DNA demora a se difundir pelas unidades de pesquisa.

Esses numerosos métodos, constantemente aprimorados, permitiram que os pesquisadores reunissem Lady Sapiens e seus congêneres no gineceu dos laboratórios para um exame mais aprofundado. A ambição agora é cruzar os dados o máximo possível para obter uma visão mais precisa do corpo dessas mulheres dos primórdios... Para saber tudo da morfologia delas, de sua fisionomia, da cor de sua pele, de seus cabelos e até mesmo da cor de seus olhos, não falta perseverança aos especialistas. Hoje, eles conseguem revelar a verdadeira face dessas mulheres do Paleolítico como ninguém nunca conseguiu.

Carne sobre os ossos

O corpo nunca mente...

Carências alimentares, uso prolongado de certos músculos, gravidez: as várias facetas da vida de uma mulher estão inscritas em seus ossos. Nossos ossos estão continuamente se moldando e se remodelando para se adaptar aos nossos movimentos e necessidades. Para reconstruir o estado de saúde das populações do passado, os arqueólogos foram ao leito desses pacientes multimilenares. As análises dos esqueletos recuperados nas escavações arqueológicas são ricas em informações e indicam, em primeiro lugar, que a atividade física era intensa para toda a população dos tempos paleolíticos. Sébastien Villotte apresenta uma primeira observação importante para dar uma ideia disso:

O que é possível constatar em relação ao Paleolítico Superior – e como regra geral para todas as populações pré-históricas – é uma robustez muito importante dos membros superiores esquerdo e direito, seja para homens ou para mulheres.

Então Lady Sapiens era uma atleta completa. Isso não é surpreendente, pois ela não tinha um estilo de vida sedentário comparável ao de nossas sociedades. Ela devia dedicar tempo a diferentes atividades físicas, especialmente para obter comida para o grupo. A força e a resistência dessas mulheres deviam ser elevadas, e seus corpos, esculpidos de acordo com elas. É preciso imaginá-las musculosas e exibindo pouco excesso de massa gorda, já que a caça é uma carne magra, diferente da carne gordurosa do gado que será consumida a partir do Neolítico.

Uma imagem muito distante das opulentas Vênus esculpidas em pedra ou marfim como as de Renancourt. Esse detalhe questiona a capacidade dessas obras de arte de lançar luz sobre o físico das mulheres da Pré-História. As estatuetas podem realmente servir como um esboço? Segundo os pesquisadores entrevistados, é um erro grave ver nessas figuras o reflexo das silhuetas femininas da época. Suas formas muito generosas despertaram o espanto dos especialistas.

O enigma das mulheres fortes

As pessoas que tinham um estilo de vida de caçadores-coletores não podiam ter esse tipo de morfologia! Acho que pode ser uma evocação das necessidades ou do desejo de ter reservas de gordura para dar à luz e depois amamentar.

O professor Nicholas Conard, da Universidade de Tubinga, vê a projeção de um ideal em vez de retratos fiéis nas Vênus com curvas pronunciadas. Suas protuberâncias de gordura hipertrofiadas nos quadris, nas nádegas e no ventre são, de fato, pouco compatíveis com seu estilo de vida ativo!

O ponto de vista é compartilhado por Catherine Schwab, do Museu de Arqueologia Nacional de Saint-Germain-en-Laye, que evoca as populações de caçadores-coletores, para as quais a valorização artística das mulheres curvilíneas está frequentemente ligada a um discurso simbólico:

> Em muitas civilizações passadas, uma mulher com formas muito redondas era uma mulher que se alimentava, o que significava um certo conforto. Podemos imaginar encontrar esse tipo de critério em populações pré-históricas... As Vênus representam uma forma de opulência. Embora seja difícil imaginar mulheres pré-históricas desse gabarito!

Esse também é o caso das populações atuais de pastores nômades, como os tuaregues do Níger, para quem a obesidade feminina é sinônimo de prosperidade. Mas será que essas mulheres corpulentas eram tão raras quanto a nossa representação da mulher em movimento perpétuo nos convida a imaginar? Não esqueçamos que nosso conhecimento da fisiologia dos humanos da Pré-História é muito incompleto. Desses corpos de carne e osso, conhecemos apenas alguns esqueletos, que raramente chegaram até nós integralmente. Portanto, é possível que algumas contemporâneas de Lady Sapiens tivessem propensão a armazenar gordura.

Também foi sugerido que essas silhuetas eram as de mulheres que se encontravam em um determinado estado hormonal, que poderiam ser de parturientes ou de mulheres que estavam amamentando. Seja como for, “é improvável que os humanos da época nunca tenham visto mulheres imponentes, porque a distribuição das camadas de gordura está bastante de acordo com a realidade anatômica moderna em caso de sobrepeso", observa o professor Erik Trinkaus, da Universidade de Wisconsin-Madison.

Para explicar que algumas mulheres desenvolveram adiposidade apesar da vida ativa que deviam levar, o pesquisador estadunidense formula a hipótese de uma obesidade que se desenvolve no momento da gravidez. Também é possível evocar uma reação ao estresse fisiológico causado pelas mudanças sazonais. Esse estresse pode ter sido compensado por um armazenamento de "quilos extras" durante certos episódios de sua vida. Não é impossível que os períodos de sedentarismo tenham sido um momento em que os corpos se restabeleciam para dar conta dos períodos de fome ou de esforço intenso. No entanto, atingir um estágio de obesidade teria sido contraproducente quando era hora de seguir até o próximo acampamento sazonal. As mulheres mais curvilíneas ficariam mais lentas, ou mesmo incapacitadas por seu excesso de peso.

Será que era possível que essas mulheres adquirissem facilmente esse peso, em vista de suas refeições diárias? Os ossos e os dentes podem nos ajudar a responder a essa pergunta: podemos ler neles os efeitos de uma deficiência alimentar, especialmente nas extremidades dos ossos longos e no esmalte dos dentes. Ora, uma observação cuidadosa dos esqueletos pré-históricos permitiu concluir que a desnutrição não era comum no Paleolítico, mas não há também evidências de que elas comiam mais do que o necessário.

Portanto, é muito difícil formar uma imagem precisa e universal do aspecto das mulheres pré-históricas. É preciso aceitar olhar para a Pré-História como um território de contrastes biológicos e sociais. O que era a norma para determinada população poderia muito bem ser a exceção para um outro grupo, instalado a algumas centenas de quilômetros de distância. O esboço de Lady

Sapiens deve, portanto, ser reconstruído toda vez que olhamos para uma nova população antiga. Todavia, as Vênus de formas generosas estão longe de representar o modelo dominante.

|

A mistura como legado

A fisionomia das populações pré-históricas é o resultado de muitas misturas. Os paleoantropólogos – que estudam os fósseis humanos do ponto de vista biológico – e os paleogeneticistas – especialistas em DNA – esboçam uma árvore genealógica complexa. O *Homo sapiens*, nascido na África, se misturou com várias espécies primas.

Évelyne Heyer conta como, há pelo menos 50 mil anos, o *Homo sapiens* herdou genes neandertais: "Nossa espécie se mistura com o neandertal no Oriente Médio, no momento da saída da África... Todos os humanos que se espalham para a Europa e Eurásia absorvem um pouco do genoma dos neandertais: cerca de 2%."

Esses 2% estão ainda presentes em nosso DNA e nos trazem sua parcela de vantagens evolutivas. O sistema imunológico de nosso primo neandertal ajudou a fortalecer o nosso, e também a nossa resistência ao frio. Lady Sapiens, que viveu no atual território francês entre 28 mil e 22 mil anos atrás, carregava essa herança genética neandertal.

É provável que ainda não conheçamos todos os ancestrais que nos legaram um pouco de seus genes. As pesquisas nessa área permitem medir o potencial das descobertas futuras. Desde o final dos anos 2000, aliás, os pesquisadores adicionaram uma nova foto ao álbum de família do gênero *Homo*: a do humano de Denisova, descoberto em Altai, na Sibéria. Lady Sapiens também carregava a herança genética desse parente oriental? Nenhum fóssil nos permite afirmar isso. Entretanto, esse sinal genético aparece em 6% dos papuas da Nova Guiné e dos aborígenes da Austrália.

Os segredos da cor da pele

Os primeiros *Homo sapiens* que chegaram à Europa há 45 mil anos tinham a pele negra, e as populações da Europa Ocidental mantiveram essa cor escura por muito tempo. Foi preciso esperar até o Neolítico – 6.000 a.C. – para ver um clareamento da pele entre as populações europeias.

O que Évelyne Heyer nos revela é surpreendente quando estamos acostumados com as reconstruções de mulheres pré-históricas apresentadas em museus e em livros de divulgação científica, que raramente têm pele escura.

É recente a descoberta de que a despigmentação evoluiu de fato em um ritmo mais lento do que o das migrações em território europeu. Para a especialista, essa descoberta é inesperada: "Pensávamos que os humanos tinham se adaptado mais rapidamente a um clima onde o sol é mais fraco do que na África... Ter uma cor de pele mais clara de fato torna possível assimilar melhor a vitamina D nessas latitudes".

A dieta do Paleolítico, baseada sobretudo em carne, tutano de osso, gordura animal e peixe, contribuía de forma natural para a ingestão de vitamina D e, portanto, retardou a despigmentação. Tudo se acelera no Neolítico, com o aparecimento da agricultura: como os cereais são menos ricos nessa vitamina, a pele passa a se despigmentar para melhorar sua síntese.

É preciso, então, representar Lady Sapiens como uma beleza ainda em grande parte africana: cabelos pretos e crespos, pele escura. Um detalhe singular surge por volta de 40 mil anos antes da nossa era e se espalha até o limiar do período Neolítico: "Há 10.000 anos, na Europa Ocidental, todos os europeus que pudemos estudar tinham a pele negra e os olhos azuis".

A surpresa se faz presente mais uma vez, e Évelyne Heyer admite "não entender muito bem a vantagem dos olhos azuis em termos de seleção natural".

A presença de olhos azuis é, portanto, provavelmente o resultado de uma seleção sexual. Como não há vantagens fisiológicas associadas a isso, pode-se supor que os parceiros de olhos azuis eram mais atraentes, por terem mais filhos do que os outros.[4]

Se fecharmos os olhos, podemos, a partir de agora, visualizar de forma mais íntima e precisa a aparência de nossa heroína dos tempos pré-históricos. Alta, musculosa, de pele escura e olhos claros... Mas qual seria sua posição dentro das sociedades? Como saber quais eram suas atividades cotidianas? A ciência em curso propõe respostas cada vez mais surpreendentes e que abalam certezas...

4 Do ponto de vista biológico, os parceiros de olhos azuis, neste contexto, eram vistos como mais interessantes e atrativos. Por isso, tiveram mais relacionamentos sexuais e, consequentemente, mais filhos. (N. R. T.)

3

Existir, agradar, seduzir...

Em total ruptura com a imagem extravagante de seres animalescos, peludos, sujos, de olhar assustado, as populações pré-históricas, na verdade, mostraram ter grande refinamento, tanto em sua arte quanto em sua ornamentação pessoal. No Paleolítico Superior, o corpo das mulheres – e também o dos homens – foi muito rapidamente sublimado pela criação de objetos específicos: roupas elegantes, joias e pinturas corporais. As roupas apresentam muitas vantagens: em primeiro lugar, têm uma dimensão funcional de proteção contra agressões ambientais – especialmente o frio –, mas também constituem um meio de expressão cultural. Vale ressaltar, aliás, que todas essas criações precederam a invenção da agulha de costura, que contribuirá para tornar as roupas mais herméticas e para produzir ornamentos cada vez mais delicados. Isso significa que nossos ancestrais teriam favorecido muito cedo a estética em vez da funcionalidade?

Como evidenciado pela etnologia, os adereços de um indivíduo marcam seu pertencimento a um determinado grupo humano. Portanto, é provável que a ornamentação diga muito sobre seu lugar dentro do grupo: aqueles considerados "importantes" por seus semelhantes muitas vezes se beneficiaram de roupas pomposamente ornamentadas. Isso não é tudo. Os etnólogos também observaram entre os povos originários que a corte pode ser feita através de ornamentos: trocas de verdadeiras correspondências particulares podem acontecer através da oferta de determinados adornos. Marian Vanhaeren, diretora de pesquisa do CNRS, evoca "as jovens mulheres zulus que fazem plastrões de pérolas para os homens com quem gostariam de se casar e transmitem mensagens através das cores e das estampas usadas".

Às vezes são os homens que se vestem e dançam na frente das mulheres para seduzi-las, como acontece entre os fulas da África Ocidental. Embora pareça muito difícil para os pré-historiadores encontrar os símbolos escondidos em ornamentos pessoais de milhares de anos, os pesquisadores podem, contudo, tirar muitas conclusões da observação das joias. Primeira constatação: os humanos da Pré-História tinham um gosto muito acentuado por ornamentos raros e delicados... O suficiente para contradizer a visão dos pintores acadêmicos do século XIX, que representavam nossos antepassados como feras desgrenhadas, cobertas de peles rasgadas sem nenhum sinal de confecção.

Adereços suntuosos

Os adornos parecem ter desempenhado um papel significativo na ornamentação das silhuetas pré-históricas. A diversidade de adereços é estonteante: foram encontrados alinhamentos de conchas para usar em diferentes partes do corpo, anéis, pulseiras de marfim de mamute e até prováveis brincos. Pelo menos é o que sugere um dente de urso dividido em dois, encontrado muito perto da orelha de um esqueleto em Baousso da Torre II. Esse sítio faz parte do famoso complexo de cavernas Balzi Rossi, na Itália, que também inclui as cavernas Barma Grande, Grimaldi e Caviglione. Em uma sepultura de Barma Grande, fileiras de contas pré-históricas foram encontradas no pescoço do defunto... Alguns de nossos ancestrais também optaram por usar pulseiras, como, supõe-se, os da caverna de Grimaldi. São conhecidos também exemplos de braceletes ou tornozeleiras: a Dama do Caviglione, enterrada há 24 mil anos na caverna de mesmo nome, usa um fio de conchas em volta da panturrilha. "A mulher com a rena", gravada em um fragmento de chifre de veado encontrado em Laugerie-Basse, ostenta uma tornozeleira.

As contas pré-históricas são incrivelmente diversas. Aproveitando as formas moldadas pela natureza, os humanos coletavam conchas variadas. A fim de adicionar novas características a essas peças já originais, os joalheiros dos tempos antigos modificavam a aparência das conchas por diferentes processos que permitiam alterar a cor dos ornamentos temporariamente (adição de pigmentos) ou permanentemente (exposição ao fogo para escurecer os elementos).

Algumas peças naturais usadas para criar ornamentos às vezes se esgotavam... Os dentes caninos de veado, por exemplo, não podem ser colhidas em abundância. Esses animais vivem em bosques e florestas típicas de climas temperados, porém, durante o Paleolítico Superior, na Europa, as temperaturas frias favoreceram a expansão de tundras ou estepes com poucas árvores. Mesmo assim, as presas de veados continuavam sendo muito visadas. Os dois caninos superiores, com sua forma particular, globular e assimétrica, fizeram muito sucesso do Paleolítico Superior ao Neolítico. Sua superfície às vezes era decorada com gravuras geométricas: cruzes, triângulos ou séries simples de listras distribuídas uniformemente. Os caninos de veado eram tão valorizadas que às vezes eram imitadas com materiais substitutos. Da mesma forma, os falsos incisivos de cavalos eram feitos de osso ou marfim, criando as primeiras falsificações da história. Esse detalhe tem sua importância, porque enfatiza que, já naquela época, a escassez de certos bens levava os artesãos a criarem réplicas. É bem impressionante pensar que as mulheres que viveram há 15 mil anos podem ter questionado a autenticidade de seus colares.

Pingentes imponentes, provavelmente destinados a serem usados sozinhos ou na posição central de uma composição, também foram criados. Os artesãos gravavam formas geométricas em discos de pedra, como no sítio Mitoc-Malu Galben (Romênia). Eles também esculpiam elementos tridimensionais – em estilo quase cubista –, como a famosa espátula na caverna de Brînzeni (Moldávia). Os dedos desses ourives também elaboraram pingentes de forma figurativa. Os elegantes mamutes de marfim da caverna Vogelherd (Jura da Suábia, Alemanha) e a agora icônica Vênus de Hohle Fels (Alemanha) estão aí para comprovar isso.

Enquanto as mulheres e os homens dos velhos tempos usavam objetos exóticos, vindos de um território muito distante do lugar onde viviam, para confeccionar seus adereços – o colar da Dama de Saint-Germain-la-Rivière, descoberta em Gironda, é feito com chifres de veado da Espanha –, eles também exploravam elementos aos quais tinham fácil acesso. Assim, os habitantes da Itália pré-histórica aproveitaram a proximidade do Mediterrâneo para integrar ouriços-do-mar e vértebras de peixes na composição de seus adereços.

As formas de suas criações, no entanto, não se limitavam à exploração dos recursos autóctones. As diferentes populações desenvolveram gostos regionais por certas matérias-primas que não parecem estar necessariamente relacionadas à sua facilidade de acesso. Percebemos tendências que variam de acordo com o local de residência: os caninos de lobo e raposa fazem sucesso na Europa Oriental – onde as conchas de formas alongadas também são visadas –, e os caninos de veado têm preferência no sudoeste da França, onde as conchas globulares são apreciadas.

Em sua busca por formas e texturas delicadas, nossos ancestrais também foram os primeiros plumaceiros na história da moda, e as plumas provavelmente tinham uma particular importância, tanto para homens quanto para mulheres. O adereço da cabeça da Dama do Caviglione apresenta um vazio acima da testa, que os arqueólogos interpretam como indício de uso de um material perecível, como penas ou couro trançado. A águia-real e o cisne também eram usados, sem que seja possível saber se suas penas eram bordadas nas roupas, adicionadas aos penteados ou fixadas nas joias.

A variedade de adornos e o cuidado com a escolha dos materiais indicam, incontestavelmente, que os povos do Paleolítico combinavam pragmatismo, criatividade e preocupação com o belo, e que, sem dúvida, tanto homens quanto mulheres o faziam, desejando agradar ao outro.

Sublimar a epiderme

O adereço também pode ser efêmero e aparecer à flor da pele. Francesco d'Errico, diretor de pesquisa do CNRS, dedicou-se à análise de um mineral icônico da Pré-História: o ocre. Desse elemento corante resultam nuances vibrantes que vão do roxo bem escuro ao amarelo solar. Seu uso está profundamente enraizado no tempo:

> Os vestígios mais antigos de uso do ocre na África datam de 300 mil anos atrás! Mas, no Paleolítico Superior, esse uso parece se tornar mais complexo. Ele atinge vários tipos de objetivos... Nas paredes das cavernas, entra na produção artística, mas também desempenha um papel na vida cotidiana dos indivíduos.

Se o ocre é onipresente, é por ser multifuncional. O ocre é muito valorizado por suas propriedades abrasivas: é usado na preparação de peles de animais para o curtimento do couro – as propriedades antissépticas do ocre protegem o material do apodrecimento e facilitam a remoção de matéria orgânica residual e dos pequenos vasos –, mas também no acabamento de obras de arte, como a Vênus de Renancourt. O ocre também tem função profilática no cuidado da epiderme humana: protege do sol e das picadas de insetos... Portanto, é muito natural, lembra Francesco d'Errico, que seja adotado na toalete cotidiana de certas populações. Assim, "as mulheres himba (atual Botsuana) se cobrem de ocre porque o uso da água é um tabu. As mulheres se lavam misturando ocre com gordura".

O ocre também pode ter sido usado em quantidades limitadas em aplicações de precisão. Francesco d'Errico analisou as marcas microscópicas presentes em bastonetes de ocre vermelho da caverna etíope do Porc-Épic e acredita ter encontrado provas de um uso muito específico:

> Encontramos bastonetes com várias facetas desgastadas em diferentes mós. Algumas deram alguns miligramas de pó! As pessoas pré-históricas, portanto, produziam pequenas quantidades de ocre, o que parece mais compatível com um uso simbólico... Como desenhar uma linha no rosto, por exemplo!

É, então, muito provável que pinturas corporais tenham sido feitas diretamente sobre a pele. Esse uso de ocre não é trivial, pois sua aquisição e preparação envolvem grandes esforços de todo o grupo. Laure Dayet, pesquisadora associada do laboratório Trabalhos e Pesquisas Arqueológicas sobre Culturas, Espaços e Sociedades [Travaux et Recherches Archéologiques sur les Cultures, les Espaces et les Sociétés, TRACES], na Universidade de Toulouse Jean Jaurès, evoca essa matéria corante tão especial... Esses minerais são examinados com uma lupa com o objetivo de entender suas propriedades. Para isso, agora é possível "determinar a composição atômica dos ocres por microscopia eletrônica".

A determinação de sua composição é importante, porque todos os depósitos geológicos têm suas propriedades químicas particulares... Ao cruzar a análise dos objetos arqueológicos com a de amostras geológicas coletadas hoje, os especialistas podem identificar os locais onde os humanos pré-históricos se abasteciam de matérias-primas. Estas também eram escolhidas com muito cuidado, segundo a cientista:

> No Paleolítico Superior, a seleção de rochas para fazer pigmentos era muito precisa. As rochas eram escolhidas por sua granulometria muita fina, que é mais fácil de moer. Os povos pré-históricos também optavam por óxidos de ferro quase puros. Eles não selecionavam necessariamente matérias-primas próximas de onde viviam, e podiam procurar também materiais a mais de cinquenta quilômetros de seu acampamento base... Ou seja, a mais de um dia de caminhada.

Para obter suprimentos, os grupos tinham que enviar alguns de seus membros em uma expedição. Eles também conseguiam construir uma rede de trocas de longa distância com outros grupos para adquirir materiais exóticos. Qualquer que fosse a solução prevista, essa aquisição era necessariamente um investimento caro para todos, uma ação que exigia organização e experiência.

Foi necessário experimentar por décadas e então transmitir os conhecimentos para dominar a composição das cores. Não basta esmagar uma pedra rica em hematita para obter produto suficiente para pintar o corpo ou criar obras de arte. A concepção dos corantes é um feito técnico que requer saber misturar vários minerais, observa Laure Dayet:

> Os produtos corantes às vezes contêm várias rochas diferentes. Para tingir uma superfície, é preciso tanto o poder de coloração, relacionado à cor, quanto o poder de cobertura do mineral, além de um aglutinante. Se nossos ancestrais quisessem adicionar brilho à preparação, eles também poderiam adicionar mica, grafite etc.

É difícil saber se as mulheres desempenhavam um papel importante nessa produção de materiais corantes. Entre os himbas do norte da Namíbia, são elas que coletam os materiais, mas, na Pré-História, não há nenhuma evidência arqueológica que permita projetar um modelo exclusivo quanto ao sexo dos indivíduos responsáveis por essa atividade.

Francesco d'Errico está convencido da riqueza simbólica desse material graças aos anos de pesquisa sobre esses pós enigmáticos:

> Experimentalmente, percebe-se que cada ocre pode ter uma função. O ocre para fazer pinturas não será o mesmo usado para tingir peles ou para aplicar no corpo. As variedades de cores também terão seus significados. O corpo se transforma em um símbolo, assim como os adereços.

O uso de diferentes tipos de ocre pode estar relacionado a uma posição específica (caçador emérito, líder espiritual, herborista etc.), a um rito de passagem (o da infância para a idade adulta, a união de duas pessoas, um rito fúnebre...) ou a festas sazonais.

A epiderme é, na prática, uma tela em branco que artistas de todas as idades quiseram sublimar de várias maneiras. A tatuagem mais antiga preservada ainda é a de Ötzi – a famosa múmia do gelo, de 5.300 anos, encontrada em Tirol –, e as mulheres e os homens do Paleolítico já possuíam todas as ferramentas e o potencial artístico para serem tatuadores excepcionais. Pontas de rochas vulcânicas, como as usadas na Melanésia há mais de 4 mil anos, podem ter possibilitado a penetração do pigmento sob a pele. Na ausência de tinta – além do possível uso de tinta de siba –, o uso de fuligem criou imagens perenes sob a pele. Algumas marcas geométricas gravadas em esculturas foram interpretadas como escarificações. Isso já era praticado no Paleolítico, embora nenhum traço material o prove, na ausência de uma múmia mais antiga que Ötzi. Tal descoberta está longe de ser impossível, uma vez que o derretimento das geleiras revela cada vez mais vestígios orgânicos pré-históricos preservados pelo gelo.

Adornada com cores, e talvez também com tatuagens e escarificações, a epiderme estaria conservada. A pele é de fato o órgão mais extenso do corpo humano, uma preciosa e sensível ligação entre o eu e o mundo exterior. Uma verdadeira barreira contra as agressões da natureza, é também um vetor de comunicação entre os elementos e os seres. A pele é um intermediário necessário para sintetizar a preciosa vitamina D que fortalece nosso esqueleto, e também a matriz que liga os amantes e, mais tarde, a mãe e seu filho. Portanto, é muito provável que a pele, assim como o cabelo e a barba, tenha sido objeto de cuidados especiais. Bálsamos hidratantes e outras máscaras nutritivas foram potencialmente usados, mas, dessa antiga farmacopeia com propósito estético, nenhum traço arqueológico foi encontrado até o momento, diferentemente de outros remédios curativos à base de plantas, que serão discutidos mais tarde.

A fim de proteger a pele frágil e sem pelos, nossos ancestrais inventaram objetos incríveis: as roupas. Apesar de acharmos completamente banal a presença delas em nossos armários, sua chegada em nossas vidas constituiu uma verdadeira revolução para a humanidade.

A revolução das roupas… e da agulha!

A criação das primeiras roupas é muito anterior à invenção da agulha de costura, que se deu na China e na Sibéria há 40 mil anos. Para costurar de ponta a ponta os tecidos ou as peles curtidas, espetos ósseos muito finos são suficientes. Como Francesco d'Errico explica, "as ferramentas mais antigas para fazer perfurações nas peles foram encontradas na África, entre 80 mil e 70 mil anos atrás. É o caso dos alfinetes muito finos e endurecidos pelo calor encontrados no sítio de Blombos, na África do Sul".

Mas de que meios o arqueólogo dispõe para determinar a data do surgimento das primeiras vestimentas? Lembremo-nos de que o gênero *Homo* perdeu seus pelos há um milhão de anos. Sob o sol da África, nosso então ancestral, *Homo erectus*, começou a se distinguir por sua qualidade de caminhante e por sua resistência. Foi a transpiração, um sistema de termorregulação ativado pelas glândulas sudoríparas, que contribuiu para a perda de nossos pelos abundantes. Durante milhares de anos, nossos ancestrais mais distantes provavelmente viveram nus. A questão que inquieta os cientistas é saber a partir de quando eles começaram a cobrir seus corpos com peles de animais ou coberturas vegetais, nas zonas temperadas. A resposta inusitada se encontra na evolução de um parasita da pele que é, no mínimo, impopular, como nos conta Francesco d'Errico:

> A genética dos piolhos nos informa sobre as primeiras roupas. Temos dois tipos de piolhos: os da cabeça e os do corpo. Um estudo genético recente, conduzido por pesquisadores alemães, apontou essa diferenciação como sendo de 120 mil anos atrás. Foi a partir dessa época que houve [...] continuidade entre os cabelos onde vivem os piolhos e o resto do corpo, por causa das peles usadas. Os piolhos conseguiram continuar a viver fora da cabeça!

Esses dois parasitas do corpo humano evoluíram cada um por conta própria, dando origem aos piolhos de cabeça e aos chatos...

Então nossos ancestrais começaram a se vestir há pelo menos 120 mil anos. No entanto, as primeiras roupas não deviam ser particularmente elegantes. Foi a invenção da agulha que tornou possível criar roupas mais ajustadas. Essa reviravolta estilística no guarda-roupa de nossos antepassados não é uma simples afetação, mas uma adaptação ao clima glacial severo, pois a sobreposição de roupas finas é necessária para um bom isolamento do frio. A inovação da agulha de costura é uma etapa importante para melhorar o conforto da vida das pessoas da Pré-História. Aplicando uma habilidade meticulosa, o artesão escolhia o material certo – um chifre de rena esbelto ou um osso longo – e cavava nele dois sulcos paralelos que, juntando-se, permitiam que ele extraísse uma varinha fina. Bastava então raspar e polir essa varinha em um material abrasivo e perfurá-la para criar uma agulha de costura.

Além disso, as agulhas não são apenas simples ferramentas, mas, em alguns casos, verdadeiras pequenas obras de arte. Como Francesco d'Errico observa, "algumas agulhas são decoradas e suas decorações são preenchidas com ocre. Não há nada de funcional nisso: os costureiros pré-históricos apenas exerceram sua criatividade".

Da ferramenta de costura às próprias roupas, os pré-históricos combinaram estética e eficácia até na escolha dos materiais utilizados.

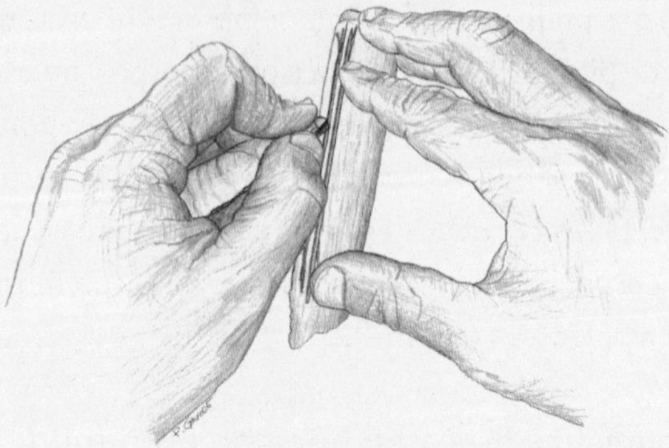

Extração de matriz de agulha de costura em um osso, usando a técnica de sulco (em cima).

Abrasão usando uma pedra para arredondar a secção da varinha. Dois exemplos de agulhas prontas (embaixo).

Peles de animais depiladas ou raspadas, tratadas com curtimento, eram usadas para as roupas mais quentes. Se nos referirmos à etnografia, entre os povos indígenas do Canadá, antes da chegada dos colonos, a pelagem era usada do lado interno, junto ao corpo, e o couro do lado de fora protegia das intempéries. As peles eram usadas inteiras, sem recortes. As patas e a cabeça do animal, portanto, deviam desempenhar um importante papel estético na confecção da roupa.

O curtimento, essencial para impermeabilizar o couro e evitar que embolore, podia ser realizado em vários materiais, vegetais, minerais ou orgânicos, como cérebro de veado misturado com ocre, manganês ou cal, dependendo da tonalidade desejada. Diferentes qualidades de flexibilidade e tons de couro podiam ser obtidos de acordo com a técnica – ou a combinação de técnicas – usada e a pele escolhida. A arte do traje já era bastante delicada.

Para atender a necessidades específicas, é bem possível que os povos do Paleolítico tenham desenvolvido o que Élisabeth Azoulay, especialista em beleza antiga, chamou de "predação estética". Lebres, raposas ou esquilos foram alvo dessa caça. Sua pele servia para reforçar a impermeabilidade das roupas nos punhos e no capuz, mas também agregava valor estético aos casacos.

Em algumas sociedades de caçadores-coletores da América do Norte, antes da chegada dos europeus, a pele indicava a posição social da pessoa. A lebre era usada pelas crianças, a raposa, pelas moças, e as mulheres mais velhas tinham a prerrogativa do lince.

Para roupas mais finas, eram usados tecidos feitos de plantas trançadas ou lã de animais. Obviamente, esses materiais não sobreviveram a milênios de afundamento no solo, mas uma prova inesperada foi coletada no sítio arqueológico de Dolní Věstonice, na República Tcheca. Fragmentos de argila cozida carregam a impressão de tramas trançadas. De acordo com o pesquisador estadunidense James Adovasio, especialista internacional em arte perecível, "esses fragmentos poderiam ser peças de revestimento de solo, roupas, e, em alguns casos, redes de pesca ou sacos confeccionados para o uso dos caçadores-coletores que viviam em Věstonice" (ver ilustração da p. 10).

Ao endurecer perto de uma moradia, a argila fossilizou a imagem dessas obras efêmeras.

É muito provável que as formas das roupas fossem particularmente variadas: assim que o humano conseguiu moldar agulhas de costura, um arsenal de padrões tão estéticos quanto práticos pôde ser criado.

Com que se pareciam então essas roupas dos tempos pré-históricos? É muito provável que o biquíni orgulhosamente usado pelas estrelas de Hollywood no filme *Mil séculos antes de Cristo* ainda não estivesse na moda. Na verdade, a roupa deveria primeiro responder a um imperativo prático: proteger as peles delicadas dos *Homo sapiens* das garras de um inverno gelado e de um verão bem pouco ameno. A roupa não é a única solução possível para proteger a pele: os yamanas, da Terra do Fogo (Argentina), preferiam se untar com óleo de foca e permanecer nus, inclusive em temperaturas negativas. No entanto, é razoável afirmar que o uso de roupas foi a solução mais comum em todo o mundo. Essas roupas pré-históricas foram postas à prova pelas rigorosas temperaturas da época. Por exemplo, há 12 mil anos, na região de Neuchâtel (Suíça), elas variavam entre 9°C no verão e -25°C no inverno. Essas variações significativas devem ter resultado em uma organização sazonal do guarda-roupa de Lady Sapiens. Para criar essas coleções, observa Francesco d'Errico, os povos pré-históricos precisavam de um estojo de costura eficaz, com agulhas adaptadas a atividades variadas e a diferentes materiais:

> A partir de 40 mil anos, as agulhas ficam cada vez mais diferentes. No início foram encontradas apenas agulhas de tamanho grande e, por volta do final do Paleolítico Superior, são encontradas agulhas de tamanhos bem diferentes. Isso reflete uma complexificação gradual das atividades relacionadas às vestimentas.

A arte paleolítica indica que as peças de roupa que compunham a vestimenta da Lady Sapiens e de seus congêneres eram variadas. Em algumas plaquetas gravadas, é possível distinguir silhuetas humanas usando espécies de parcas com capuz. Esse tipo de roupa também se destaca em algumas estatuetas, incluindo quarenta Vênus siberianas.

Na década de 1950, os arqueólogos evidenciaram pequenas estatuetas de marfim de mamute de quatro a treze centímetros de altura, encontradas nas margens do lago Baical. Essas Vênus dos sítios de Buret' (ver ilustração na página seguinte) e de Mal'ta datam do final do Paleolítico (21.000-17.000 anos antes do presente). Algumas parecem estar nuas à primeira vista, mas análises microscópicas feitas pelos doutores Lyudmila Lbova e Pavel Volkov, da Academia de Ciências da Rússia, sugerem a presença de sulcos que podem representar roupas, colares e até bolsas a tiracolo... Em outras estatuetas, a representação da vestimenta é bem visível, e os entalhes profundos não deixam dúvidas: os artistas quiseram representar uma peça grossa, talvez feita de pele, moldada por diferentes faixas horizontais sugeridas pelos muitos sulcos que percorrem seus corpos. Portanto, é bastante natural que os ilustradores propusessem reconstituições de mulheres vestidas de pele, talvez cedendo à fantasia bastante ocidental da "Vênus das peles", disseminada pela prosa de Leopold von Sacher-Masoch em 1870. Na verdade, essas estatuetas evocam sobretudo os padrões tradicionalmente usados pelos Inuit e pelos povos indígenas da América do Norte ao confeccionarem suas parcas. É possível considerar ainda que essas são representações de agasalhos usados sobre uma roupa de couro e pele, como corta-vento ou capa de chuva. Para esse tipo de roupa, são utilizados materiais muito mais finos, como a submucosa extraída das membranas internas do animal (tripas, bexiga, esôfago). Essas roupas são pequenas maravilhas da ergonomia. São, ao mesmo tempo, leves e quentes, e têm uma ventilação natural. Essa eficiência só pode ser alcançada à custa de grandes esforços: o processo de fabricação da matéria-prima leva três meses. Muito práticas para evitar sofrer com o frio e com a umidade, essas peças assumem uma dimensão sagrada entre algumas populações subárticas, que acreditam que a força vital do animal está concentrada nelas. Os xamãs se cobrem com elas para entrar em comunicação com o mundo espiritual.

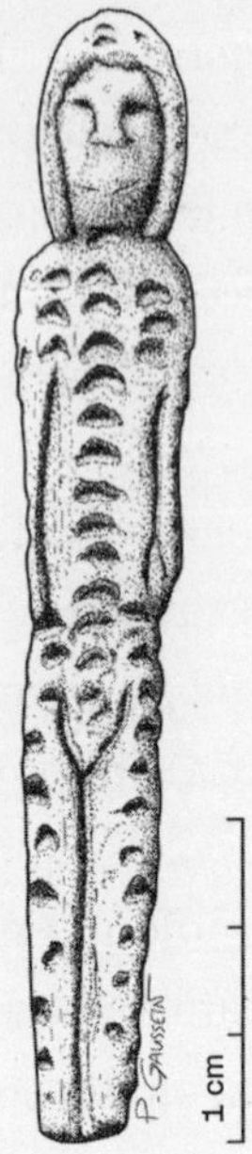

A Vênus de Buret', datando do final do Paleolítico (21.000-17.000 anos antes do presente), parece estar vestindo um anoraque com capuz.

As roupas sempre tinham acabamentos tão úteis quanto estéticos, porque a Lady Sapiens devia ter a preocupação de agradar aos outros e a si mesma. Os botões, esses preciosos aliados para fechar casacos e capas de maneira eficiente, já eram conhecidos. Os sítios arqueológicos italianos de Barma Grande e Arene Candide (Ligúria) forneceram alguns exemplares. Também é possível que nossos ancestrais usassem alfinetes: foram encontradas espécies de grandes agulhas de marfim que poderiam ter sido usadas para fechar roupas.

As silhuetas encontradas na caverna de La Marche também nos revelam a existência de cintos elaborados. O cinto às vezes é a única peça presente no corpo de belezas femininas desnudas, como se esse elemento, mantido em privacidade, fosse a última peça a ser deixada... Também pode constituir um acessório muito útil para pendurar diferentes utensílios (bolsas, cutelos etc.).

Enfeites de cabeça também eram usados e foram representados por quadriculados nas cabeças de muitas Vênus... Alguns fragmentos desses chapéus chegaram até nós. O mais belo exemplo vem da sepultura da Dama do Caviglione, que morreu há 24 mil anos e foi enterrada na caverna de mesmo nome, localizada sob a falésia de Balzi Rossi, na Itália.

A defunta usa um ornamento espetacular composto por duzentas conchas e 22 caninos de veado tingidos com ocre. Esses elementos provavelmente foram bordados em uma malha feita com material perecível, hoje desaparecido (barbante feito de fibra vegetal ou tendão animal, tiras de couro), mas cuja presença pode ser inferida.

O que esses diferentes acessórios representavam nas sociedades pré-históricas? Eram indicações da posição especial daquelas e daqueles que os usavam, ou respondiam a um prazer estético, a uma necessidade de sedução? O estado dos conhecimentos atuais permite esboçar algumas respostas.

Primeiros indícios de prestígio?

Nas sociedades tradicionais, o ornamento é um elemento importante da linguagem visual. Ele permite expressar muitos parâmetros sociais e econômicos da pessoa que o usa. Solange Rigaud, diretora de pesquisas do CNRS, insiste na natureza multidimensional do adereço dentro dos grupos humanos: "Nas sociedades modernas observadas na etnologia, os adereços servem tanto para codificar informações sociais relacionadas ao indivíduo que usa o adereço quanto para codificar informações sobre o grupo ao qual o indivíduo pertence".

Michèle Coquet acrescenta que o adereço também está ligado a modificações corporais, que são muito significativas socialmente:

> As orelhas e os lábios são perfurados: o corpo é modificado para integrar o adereço. Então outra função emerge do adorno, a da humanização. Pois os humanos são vistos como "vindos de outros lugares": eles não são humanizados nem socializados desde o nascimento, e a modificação do corpo para integrar o adereço entra nesse processo civilizatório.

É possível imaginar que os pré-históricos modificaram sua aparência para falar de si mesmos e de seu universo mental? Ainda segundo Michèle Coquet, não resta dúvida: "Essas múltiplas funções do adereço e da vestimenta – utilitaristas, identitárias, sociais – estão presentes em todas as populações estudadas pela etnologia".

Em outras palavras, uma joia usada indicará não apenas a qual grupo o indivíduo pertence, mas também que posição ele ocupa dentro desse grupo. Surgem, então, diferentes categorias de pessoas. Entre elas, algumas podem ser imutáveis (chefe, sacerdote ou xamã, por exemplo) e outras podem se modificar conforme a vida e a iniciação dos indivíduos. Mulheres núbeis, à procura de um parceiro, mães, mulheres comprometidas, mulheres na menopausa têm todo um arsenal de adereços para exibir seu status e suas ambições. Observemos que os homens e as crianças também se enfeitam, e que a beleza não é prerrogativa das mulheres! Francesco d'Errico não fica nem um pouco surpreso com o fato de que "o adereço faça parte do mundo masculino tanto quanto do feminino. Sabemos disso graças às sepulturas. Muitos homens enterrados no Paleolítico Superior usam objetos de adorno".

O sítio russo de Sungir ilustra perfeitamente isso. A duzentos quilômetros da atual Moscou, uma suntuosa cerimônia fúnebre foi celebrada há 27 mil anos. Milênios mais tarde, os arqueólogos descobriram com emoção a sepultura de um homem e outra, dupla, localizada a menos de cinco metros de distância, de duas crianças cujo sexo não pôde ser estimado. Esses indivíduos importantes foram adornados com ricos enfeites para sua última viagem: calças de pele, botas grossas e diferentes tipos de parcas, todos finamente bordados com milhares de pequenas contas feitas de marfim de mamute.

Em 2012, sob a luz do microscópio, essas contas forneceram uma informação crucial: a vestimenta chamativa não era apenas um fato fúnebre, tampouco uma vestimenta cerimonial usada somente em ocasiões especiais, como os vestidos de noiva que acompanham as mulheres pelo resto da vida, apesar de terem sido usados apenas uma vez... Esses trajes tinham contas desgastadas, revelando um uso regular da roupa. Que tal pompa possa ter sido mobilizada na vida cotidiana é uma maravilha para os amantes da Pré-História. O fato de essas roupas serem usadas como uma veste cotidiana por alguns membros do grupo expressa bem o refinamento de seus gostos e seu estilo de vida. Evidentemente, os arqueólogos consideram que esses indivíduos gozavam de certo prestígio. Parece difícil imaginar fulano e beltrano exibindo tanta riqueza em roupas cotidianas. É bem provável, então, que essa roupa fosse um marcador hierárquico.

Os homens não foram os únicos colocados em "túmulos de prestígio": os arqueólogos também descobriram algumas mulheres enterradas com joias extraordinárias. Teremos a oportunidade de olhar para as sepulturas dessas mulheres excepcionais em um capítulo mais adiante.

De qualquer forma, todos esses adereços e essas roupas evocam populações cujo bom gosto e senso de beleza eram muito marcados, e nas quais certamente o desejo de sedução já existia. Mas é possível hoje descobrir como os homens e as mulheres do Paleolítico se conheciam? Como desvendar os segredos de sua intimidade, os laços carnais que os uniam para dar vida e garantir a perenidade do grupo? Tênue campo de investigação para os pré-historiadores, alguns dos quais estão começando a fornecer respostas precisas com base em pistas arqueológicas e observações etnográficas.

4

Sensualidade e sexualidade

A sensualidade e a sexualidade humanas diferem de todas as outras. Estudos etológicos e antropológicos destacam nossa originalidade no assunto... Por que, então, o grande macaco que somos se distinguiu de seus primos a esse ponto? Parece que nossa especificidade deve, antes de tudo, ser procurada no DNA. Na imensa árvore filogenética dos primatas, nossos ancestrais seguiram um caminho singular, marcado pela separação de nossa linhagem da dos orangotangos há 20 milhões de anos, da dos gorilas de 9 a 10 milhões de anos atrás, e da dos chimpanzés e bonobos de 6 a 8 milhões de anos atrás. Esse caminho está repleto de grandes modificações físicas e comportamentais que fazem de nós as incríveis máquinas humanas que nos tornamos. Essas mudanças tiveram um impacto significativo na maneira como os humanos imaginaram e organizaram suas uniões carnais.

De fato, nosso perfeito bipedismo resultou em uma invisibilidade dos sinais de estro, que geralmente indicam o período do cio nas fêmeas dos primatas não humanos e provocam uma resposta instintiva dos machos. No gênero *Homo*, então, não há mais marcadores externos estimulando a sexualidade. O ato sexual é, portanto, livre de restrições biológicas. É verdade que os sinais "secundários" ainda podem ser percebidos pelos parceiros: mudanças de comportamento, uma ligeira alteração na acidez da pele e, portanto, no cheiro, o abaulamento do peito ou da boca etc. É bem possível que esses marcadores tenham sido melhor percebidos por nossos ancestrais do que por nós. Nós nos isolamos de parte de nossos sentidos, cercando-nos de produtos sintéticos que confundem nossas percepções. Estamos incapacitados de nos reconectar à nossa intuição ancestral.[5]

O bipedismo causou outra importante modificação física, que inspirou escultores e poetas de todos os tempos. Em sua obra *A casa das belas adormecidas*, Yasunari Kawabata, ganhador do prêmio Nobel de Literatura, maravilha-se com essa curiosidade anatômica:

> Entretanto, o velho divagava, refletindo sobre como era possível que, dentre todos os animais, somente a forma dos seios da mulher tenha adquirido, após longa evolução, um formato tão belo. O esplendor alcançado por eles não seria a própria glória resplandecente da história do ser humano?[6]

Graças à nossa posição em pé, as mamas dos sapiens ficaram expostas ao olhar de modo permanente. O peito das mulheres do

5 Experimentos pontuais realizados em clubes de striptease tendem a enfatizar que as mulheres são consideradas mais atraentes quando estão no período de ovulação. Pelo menos se confiarmos no aumento de suas gorjetas durante esse curto período! O homem atual, portanto, conservaria pequena parte dessa feliz intuição quando se trata de selecionar uma parceira para fecundar...
6 KAWABATA, Yasunari. *A casa das belas adormecidas*. Trad. de Meiko Shimon. São Paulo: Estação Liberdade, 2022.

gênero *Homo* passou então por uma lenta evolução de sua morfologia. Os seios são hoje compostos por uma grande massa de gordura que deixa o peito inchado mesmo quando a mulher não está amamentando. Essa peculiaridade não é conhecida em nenhum outro primata, e talvez tenha uma vantagem evolutiva... O zoólogo Desmond Morris sugere que o peito poderia ter tido um poder erótico, que vem se somar ao das nádegas, já atraentes para nossos ancestrais quadrúpedes... No entanto, ainda é impossível encontrar um consenso no mundo acadêmico atual!

Fato é que a mulher se envolveu em um novo mistério ao ficar de pé. Ao se tornar uma indescritível reprodutora, Lady Sapiens forçou nossos ancestrais a criarem novas estruturas sociais e emocionais destinadas a regular a sexualidade. Como essa sexualidade não é mais puramente instintiva, já que não responde mais a um calendário imposto pelos períodos de fertilidade feminina, foi necessário se armar com novas estratégias socialmente padronizadas. Em outras palavras, libertando-se do biológico, o amor físico encontrou-se intrinsecamente ligado ao prazer e à representação simbólica. Quais são as maneiras que nossos ancestrais implementaram para tornar suas uniões frutíferas? Por mais pré-históricos que fossem, nossos ancestrais longínquos rivalizaram em engenhosidade, trazendo novos comportamentos culturais para a equação do amor.

A união carnal como fato social

A sexualidade devia assumir uma importância considerável na vida cotidiana e no pensamento de nossos ancestrais. Uma fertilidade perfeitamente explorada tornou possível expandir o grupo e garantir seu futuro, criando novas famílias. O florescimento de uma nova unidade familiar foi uma aventura provavelmente orquestrada por Lady Sapiens... Os pesquisadores ignoram as sutilezas da organização das famílias pré-históricas, mas algumas regras podem ser deduzidas da análise genética de populações antigas. Évelyne Heyer aponta, por exemplo, à luz dos estudos genéticos, que o incesto devia ser proibido, uma vez que se sabe que "durante a Pré-História, os casamentos entre parentes próximos eram uma exceção".

Em questão de genética, as uniões consanguíneas podem ser prejudiciais à saúde da prole, e parece que os humanos, desde a Pré-História, conheciam as leis do sangue, pelo menos intuitivamente. É possível que essa constatação empírica tenha levado ao estabelecimento de proibições às quais ainda hoje nos submetemos. Eis uma boa maneira de desafiar a ideia estabelecida de que nossos ancestrais viviam em uma desorganização social que levava à devassidão, e que também levava, muitas vezes, à agressividade entre os grupos. No entanto, como regra geral, as sociedades de caçadores-coletores têm interesse em manter um estilo de vida pacífico, tanto dentro como fora de seu grupo.

Porém, na arte acadêmica do século XIX, os pintores tinham o prazer perverso de retratar o homem pré-histórico como um animal incapaz de conter seus impulsos agressivos. Em tais obras, ele dividia o tempo entre caçar feras e caçar fêmeas. Entre os lugares-comuns mais explorados pelos pintores convencionais está o rapto de mulheres.

A famosa pintura de Paul Jamin, *Um rapto na Idade da Pedra*, ilustra bem essa incapacidade de controlar os impulsos atribuída ao homem de Cro-Magnon, pois o retrata roubando de seus congêneres uma mulher de cabelos ruivos, símbolo de sensualidade animal nesse final do século XIX. Para Élisabeth Couturier, historiadora da arte, essa tela permite, sobretudo, "mostrar o corpo de uma mulher desejável de todos os ângulos". O tema, que estava em voga, oferecia o pretexto para a materialização das fantasias masculinas no âmbito de uma arte oficial.

Essas cenas, onde os corpos são expostos em torção, permitem sublimar a perfeição das formas femininas destacadas pela nudez total. O rapto como cena de gênero, portanto, ajuda a levar a sexualidade para os salões burgueses, escondida pela historicidade da cena...

Contudo, o rapto provavelmente não responde a uma realidade antropológica. Para Marylène Patou-Mathis, "esse é um dos grandes mitos propagados há muito tempo. Mas não pode ser provado arqueologicamente, e se enraizou nos pensamentos unicamente através da força do mito antigo do rapto das mulheres".

A antropóloga Michèle Coquet admite, no entanto, que o rapto é uma possível alternativa para a obtenção de novidade genética dentro de um grupo:

> O rapto existe entre as populações de caçadores-coletores... mas não é tão comum quanto a pintura convencional sugeriu no século XIX. [E para esclarecer:] O rapto é atestado na América Amazônica entre os ianomâmis (que são caçadores-coletores-jardineiros)[7] quando um grupo ataca outro... Mas essas rusgas são ocasionais e não visam o rapto de mulheres! Muitas vezes, trata-se de uma vingança relacionada a outros conflitos.

Situações perigosas em termos de natalidade também podem ser uma motivação para a prática do rapto. Assim, "entre os Guayaki[8], o etnólogo Pierre Clastres observou casos de rapto por falta de mulheres", continua Michèle Coquet.

O último motivo mencionado para realizar esse gesto, que não favorece a boa vizinhança, está ligado às dificuldades econômicas.

7 No original, *chasseurs-collecteurs-jardiners*. (N. R. T.)

8 A autodenominação desse grupo, utilizada atualmente para nomeá-los, é Aché. (N. R. T.)

Sabe-se que "entre os Inuit, as mulheres são raptadas quando não se pode pagar o dote".

Embora o rapto possa ter existido, ele não era a prática dominante. Os caçadores-coletores provavelmente inventaram o casamento, o que é muito mais interessante a longo prazo quando se pretende tecer alianças duradouras com os povos vizinhos:

> A maioria das trocas de mulheres é feita por alianças, não por rapto! É o casamento que traz mais vantagens, pois permite o acesso aos recursos dos outros grupos. Os caçadores-coletores não circulam de modo totalmente livre por um espaço infinito... Cada grupo "possui" seu território, e a aliança permite caçar e coletar nos territórios vizinhos.

Dependendo dos contextos, é claro que podem ter existido comportamentos mais violentos, mas os pesquisadores concordam ser mais adequado considerar uma troca pacífica das mulheres da Pré-História do que uma tomada violenta delas do seio de suas famílias. Marylène Patou-Mathis também esclarece que o termo "troca" não é depreciativo. Em particular,

> a antropologia de Lévi-Strauss percebe a troca de mulheres para criar uma ligação entre os grupos, selar alianças e, portanto, reduzir a violência. E essa troca não implica necessariamente que a mulher não tenha a possibilidade de escolha de seu parceiro!

É evidente que não se deve esperar encontrar um modelo exclusivo que tenha regido as estratégias matrimoniais dos tempos antigos em todos os continentes. Por outro lado, podemos afirmar que as uniões eram cuidadosamente escolhidas e seladas de acordo com regras específicas do grupo, e que a anarquia conjugal não era admissível.

Ao tentar analisar as uniões pré-históricas, outra questão emerge com frequência: nossos ancestrais eram monogâmicos ou poligâmicos? Romain Pigeaud, doutor em arqueologia pré-histórica, nos obriga a manter a mente aberta em relação às estruturas de parentesco de nossos ancestrais: "Em relação à monogamia e à poligamia, não há vestígios arqueológicos... e podemos imaginar tudo!".

Apesar da imaginação poder correr solta, a antropóloga Michèle Coquet, baseando-se nas estatísticas estabelecidas pelos etnógrafos, é capaz de orientar nossas representações sobre o assunto:

> Existem poucos casos de poligamia entre os caçadores-coletores. Conhecem-se casos de poliandria na Amazônia, mas eles são causados por situações catastróficas, como a queda demográfica das mulheres. [...] A etnografia dos caçadores-coletores nos ensina que a forma de relacionamento privilegiado é a monogamia. É o mais conveniente para uma sociedade que não pode ser muito numerosa... Por outro lado, não é necessariamente uma monogamia que dura a vida toda.

Então, Lady Sapiens esteve à frente de uma família reconstruída? É uma possibilidade a considerar! No entanto, ela ia morar com o marido? Pode parecer impossível esclarecer essa questão, mas só se não considerarmos a habilidade dos paleogeneticistas, que agora são capazes de rastrear os deslocamentos do DNA mitocondrial, aquele que é transmitido apenas pela linhagem materna. É a análise desse elemento que permite à professora Évelyne Heyer identificar as principais tendências estatísticas:

> Em nossa espécie, foram principalmente as mulheres que circularam de pouco em pouco. Isso está relacionado à chamada "patrilocalidade". Quando duas pessoas de populações diferentes se casam, muitas vezes é a mulher que se muda. Essa taxa chega a 70% nas sociedades atuais. No entanto, no Paleolítico, de acordo com os dados, homens e mulheres faziam essa troca.

Tais transações entre grupos humanos geograficamente distantes parecem ter sido uma maneira eficaz de formar alianças econômicas e políticas de longa distância.

Além disso, como lembra o pesquisador Jean-Jacques Hublin, "as mulheres que passam de um grupo para outro garantem a circulação de fluxos genéticos, mas também de tradições, crenças, conhecimentos". As trocas matrimoniais são fonte de riqueza. Marylène Patou-Mathis confirma: "Ao se deslocar, a mulher difundiu sua cultura original para seu novo grupo. Assim, as mulheres promoveram o progresso, as melhorias técnicas etc.".

Podemos afirmar que Lady Sapiens e seus semelhantes, unindo-se a um parceiro e dando à luz, contribuíram para a riqueza de nosso patrimônio genético e cultural. Mas é possível descobrir como esses encontros aconteciam? Já existia um jogo sutil de sedução?

Os ritos de encontro entre homens e mulheres

É complexo para os arqueólogos reconhecer as artes efêmeras... A da sedução talvez seja a mais volátil, porque não deixa vestígios, exceto no coração do ser seduzido. E os corações palpitantes não fossilizam, para grande desgosto dos pré-historiadores. Para imaginar as estratégias de encontro entre os humanos do Paleolítico, os pesquisadores são obrigados – mais uma vez – a buscar ajuda da etnologia.

A antropologia cultural permite abrir o campo das interpretações quando a questão levantada não pode ser resolvida pela análise das fontes arqueológicas. Esse é o caso de uma pergunta que perturba nossa mente durante a investigação: como era o beijo pré-histórico, se ao menos existia? Sheril Kirshenbaum, pesquisadora estadunidense associada da Universidade Estadual do Michigan e autora do estudo *A ciência do beijo: O que nossos lábios nos dizem*, conta-nos sobre o fruto de sua pesquisa na esteira dos maiores cientistas: "Até Darwin se debruçou sobre as diferentes tradições e sobre a origem dos comportamentos humanos usados para demonstrar afeto. Imagina se a questão não é crucial!".

Beijar é de fato uma das coisas mais sérias da existência. Seja maternal em Klimt, roubado em Truffaut, fonte de esquecimento em Baudelaire ou de morte em Munch, o beijo é a primeira dádiva cobiçada pela pessoa apaixonada. É por essa razão que Sheril Kirshenbaum não imagina um mundo pré-histórico sem sinais de afeto:

> A imagem que o público geral tem de humanos pré-históricos é a de seres animalescos e violentos, mas para mim não há dúvida de que eles compartilhavam gestos carinhosos, que cuidavam uns dos outros. É muito difícil sobreviver sem afeto: se eles não tivessem sido carinhosos, não estaríamos aqui para falar disso.

A troca de gestos de carinho frequentes e elaborados é ainda mais plausível porque, "quando olhamos para o que acontece no reino animal, especialmente com os grandes macacos, vemos eles se abraçando e se beijando".

Por que esses gestos são tão difundidos? Para Sheril Kirshenbaum, trata-se de uma necessidade psicológica, social, e, antes de tudo, fisiológica!

Na verdade, se dissecarmos o beijo sob o bisturi da biologia molecular, ele se revela um coquetel explosivo de dopamina, ocitocina, serotonina e adrenalina. Isso é suficiente para aumentar a sensação de bem-estar, mas também para ligar permanentemente ambos os parceiros, especialmente graças à ocitocina, agora conhecida por ser o "hormônio do amor". A durabilidade dos vínculos entre os seres, portanto, depende, em particular, da prática de demonstrações de afinidade. É por isso que gestos de afeto e de confiança podem ser compartilhados por parentes, amigos ou aliados. Eles não são reservados apenas aos amantes, prossegue a pesquisadora:

> Para onde quer que se olhe, nos livros de historiadores ou nos relatos de etnólogos que testemunharam manifestações de afeto entre as chamadas populações de "pré-contato",[9] vê-se como essas trocas são importantes... E não apenas entre os apaixonados, mas também entre pessoas que fazem parte da mesma família... Especialmente mãe e filhos.

Se uma parte pulsional permanece em nossos gestos de afeto, as manifestações de um vínculo social estreito são, sobretudo, construções da cultura. Para imaginar como os humanos se beijavam dez mil anos antes de nossa era, é preciso, então, renunciar às nossas concepções modernas e esquecer por um tempo o beijo na boca, e, mais ainda, o famoso beijo de língua. Um panorama dos gestos de carinho em todo o mundo revela práticas surpreendentes:

> Para demonstrar afeto, é possível se aproximar, se abraçar, esfregar o rosto. Os gestos podem variar muito! Em algumas regiões do Canadá, ou entre os maoris, os indivíduos cheiram a pele um do outro... A única coisa importante é que os dois protagonistas compartilhem os mesmos códigos, permitindo-lhes interpretar o gesto.

O beijo na boca é uma anedota na história do beijo, uma nota entre outras na gigantesca partitura da sinfonia dos abraços. Democratizado nos tempos modernos no Ocidente, o beijo na boca ainda era incompreendido por muitas populações tradicionais até recentemente. Sheril Kirshenbaum conta uma desventura de

9 Os antropólogos chamam de "sociedades de pré-contato" aquelas que não conheceram nossa civilização ocidental. Portanto, elas ainda não foram influenciadas pelo nosso modo de vida.

Will Winwood, explorador britânico que viajou pela África no século XIX. Em uma de suas viagens, "ele se apaixonou pela filha do chefe da aldeia. Mas, quando ele finalmente teve coragem de beijá-la, ela entrou em pânico e fugiu da cabana. Ela nunca tinha visto aquele comportamento e pensou que ele queria comê-la!".

O beijo na boca está, portanto, longe de constituir uma constante antropológica. É verdade que um dia um macaco gratificou o famoso etólogo Frans de Waal com um beijo e o surpreendeu muito! Porém, não é um impulso comumente observado por primatologistas. Esse gesto não prova que nossos ancestrais tenham dado beijos para mostrar apego ou desejo.

Então, a que se assemelhava o equivalente do nosso beijo romântico? O gesto pode assumir formas surpreendentes em algumas populações, como nos ilhéus dos atóis de Trobriand, na costa leste da Nova Guiné. Esses delicados intérpretes da arte do beijo mordiscam os cílios durante seus abraços mais apaixonados, uma descoberta que deixou Bronislaw Malinowski, especialista em comportamento sexual "primitivo", sem palavras.

Contudo, é possível que a boca tenha atraído alguns de nossos ancestrais. Para Sheril Kirshenbaum, essa parte do corpo é um local privilegiado de contato:

> Os lábios humanos são particularmente sensíveis, e isso não é apenas uma maneira de expressar afeto, mas uma forma de explorar o mundo... especialmente quando se é um bebê! Já adultos, talvez também nos lembremos de que a pré-mastigação de alimentos feita por nossos semelhantes nos alimentou.

Além disso, a boca das mulheres diz muito sobre sua capacidade reprodutiva: "Uma boca rosada e generosa é um barômetro hormonal para o homem, que sabe, instintivamente, reconhecer um alto nível de estrogênio por trás das formas carnudas".

Enfim, a especialista evoca o que é conhecido como "lembrete genital", ou seja, a surpreendente analogia entre os lábios expostos no meio do rosto e aqueles que as mulheres escondem sob a roupa.

No momento, apenas um exemplo de beijo romântico antes do Neolítico é conhecido: nas paredes rochosas do sítio do Boqueirão, no complexo pré-histórico da Pedra Furada, situado no Parque Nacional da Serra da Capivara, dois personagens de perfil, um menor que o outro, se inclinam para aproximar os rostos (ver ilustração a seguir)... Esperando por futuras descobertas de representações figurativas explícitas, os pré-historiadores voltaram-se para os outros meios de atração que podem ter existido.

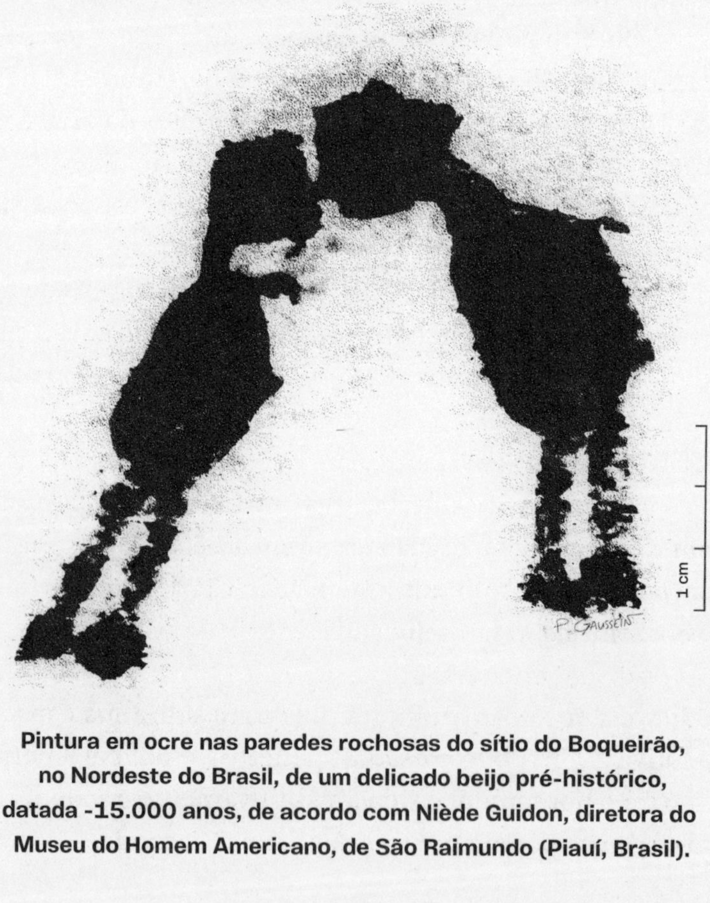

Pintura em ocre nas paredes rochosas do sítio do Boqueirão, no Nordeste do Brasil, de um delicado beijo pré-histórico, datada -15.000 anos, de acordo com Niède Guidon, diretora do Museu do Homem Americano, de São Raimundo (Piauí, Brasil).

Para seduzir, é preciso se destacar da multidão e ser notado. Para isso, uma maneira universal é demonstrar talento. Qualquer atividade que prove a superioridade física e cognitiva dos parceiros em potencial pode, assim, entrar no jogo da sedução.

Basta se deter em algumas ferramentas de pedra finamente esculpidas, como as maravilhosas folhas de louro solutreanas, para se convencer de que a habilidade era uma virtude requisitada e cultivada pelos pré-históricos. Porém, produzir as ferramentas necessárias para a sobrevivência não exigia grande virtuosismo. O bom senso e os conhecimentos básicos das propriedades físicas do material lítico eram suficientes para criar materiais eficazes. Então, por que desperdiçar seu tempo e energia para alcançar a excelência do gesto e obter a pureza da forma? É provável que o prazer pessoal de se superar tenha sido a primeira força motriz do artesão. A satisfação de produzir um belo objeto pode, portanto, ter sido a origem das lâminas de sílex mais suntuosas, mas o talento também podia ser usado para atrair a atenção de potenciais parceiros.

Para domar o corpo do outro sem necessariamente ter que passar por um momento de intimidade, que, de qualquer maneira, é proscrito em muitas sociedades, os humanos criaram verdadeiros tesouros de engenhosidade. O médico e antropólogo Benjamin Brody analisou as estratégias desenvolvidas para conquistar o coração da pessoa escolhida. Na década de 1980, em algumas áreas rurais da Áustria, as mulheres apresentavam uma exibição de dança que surpreendeu o etnopsiquiatra. As jovens, prontas para se casar, dançavam e tomavam o cuidado de colocar fatias finas de maçã sob as axilas. O homem de sua escolha era então convidado a provar os discos encharcados de suor. Se ele não achasse o sabor desagradável… os futuros amantes podiam se conhecer!

Por mais absurdo que pareça, esse exemplo nos lembra que as tradições que permitem que os jovens se encontrem são variadas. Quando tentamos analisar os comportamentos amorosos de nossos ancestrais, devemos nos reconectar aos nossos instintos mais profundos e nos livrar dos tristes hábitos colocados em prática pelo *Homo technologicus* que nos tornamos. Essa dança das rodelas de maçã é incrivelmente engenhosa do ponto de vista evolutivo... Afinal, odores e gostos corporais são preciosos indícios de nossa constituição interna. Uma gota de suor nos ensina mais sobre nosso amor em potencial do que todos os perfis de aplicativos de namoro.

Durante essa busca, o comportamento do parceiro desejado e suas habilidades também são avaliados. É por essa razão que a dança é uma das armas de sedução mais difundidas. Essa arte sutil permite que seus adeptos demonstrem suas habilidades psicomotoras, sua resistência e sensibilidade. E ela é praticada com muito mais frequência do que imaginamos, como explica Michèle Coquet:

> Entre os caçadores-coletores de hoje, a dança é uma prática comum. Ela não é reservada apenas às grandes ocasiões da vida coletiva (funeral, retorno da caça, iniciação). A dança pode fazer parte dos jogos de sedução quando é executada, por exemplo, durante os ritos da puberdade.

Essa atividade sensual não é domínio exclusivo das mulheres e, quando se trata de atrair a atenção de um parceiro, os homens também podem entrar na dança. Sophie A. de Beaune nos convida a romper com os clichês da mulher sedutora e do homem decisório, por ocasião de um pulo à África, junto dos fulas, onde "são os homens que se enfeitam e dançam para seduzir as mulheres, que observam... Acontece até de uma mulher deixar seu velho marido para escolher um homem mais jovem que a seduziu dessa maneira!".

Seja qual for a organização da manifestação de dança, não havia razão para que os pré-históricos se privassem desse meio de expressão. Mas como o arqueólogo poderia perceber o eco disso? A dança só pode ser descoberta através de vestígios de difícil interpretação, como as representações artísticas. Alguns fragmentos de plaquetas magdalenianas, encontrados na Alemanha nos sítios de Gönnersdorf e Andernach, dois pontos de encontro em ambos os lados do Vale do Reno que datam de 12.500 anos, parecem representar seres encapuzados dançando (ver ilustração da p. 88). Romain Pigeaud decifra esses discretos indícios que nossos ancestrais nos deixaram: "Algumas vírgulas perto das pernas foram identificadas pelo professor Gerhard Bosinski como a representação de um movimento dançado. Talvez sejam figurações de danças matrimoniais, como se vê na etnografia".

E como não mencionar a plaqueta desenterrada da caverna de La Garenne, em Saint-Marcel, no departamento francês de Indre, que mostra seis personagens vestindo parcas de mãos dadas? Porém, essa linha harmoniosa de humanos poderia muito bem evocar uma cena de caça, ou uma roda de dança onde os encontros amorosos eram possíveis.

As representações artísticas não são os únicos elementos que permitem perceber a existência da dança... Os instrumentos musicais pré-históricos também são possíveis evidências indiretas de sua prática, porque, como aponta corretamente o professor Nicholas Conard, "não existe dança sem música. Obviamente, existe a possibilidade da voz e das palmas... mas é possível ir muito mais longe".

Foram encontrados diversos tipos de instrumentos da época do Paleolítico Superior. Alguns nos são familiares: é o caso da flauta, da qual muitas cópias foram identificadas. As três flautas mais antigas conhecidas, duas feitas de osso de cisne e uma, de marfim de mamute, foram encontradas na caverna Geissenklösterle, na Alemanha, e têm cerca de 40 mil anos. Outros vestígios foram interpretados como possíveis instrumentos mais exóticos, como o zunidor, que o músico tinha que girar na ponta de uma corda para produzir som. É provável que a diversidade de instrumentos tenha sido ainda maior. As peles de tambores, as cordas e as caixas de madeira – possíveis ancestrais das harpas e das guitarras – desapareceram nas profundezas do tempo. E a orquestra pré-histórica completa se esquiva do olhar dos pesquisadores.

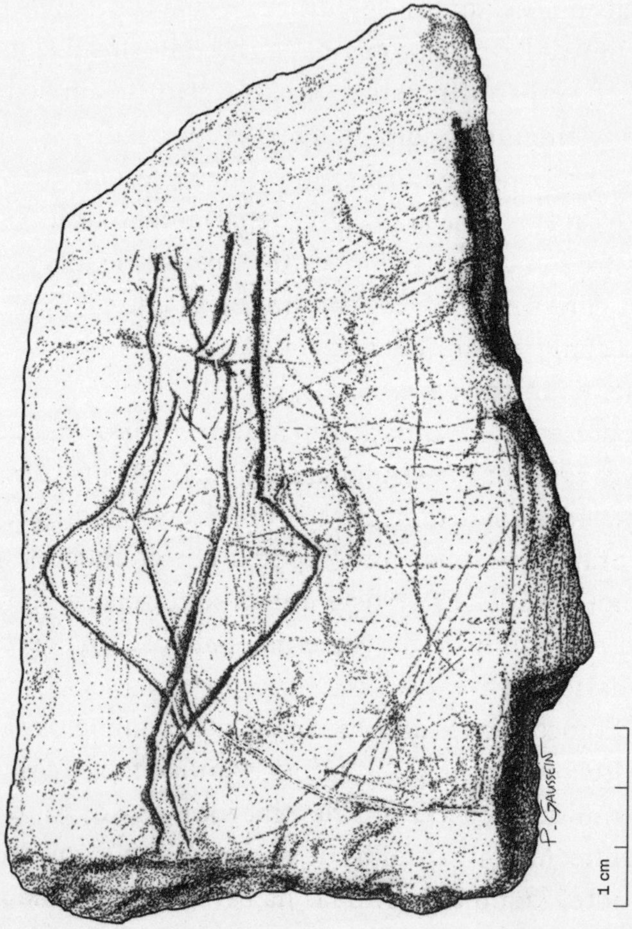

Em uma das plaquetas de Gönnersdorf, há uma mulher de frente para outra. Suas pernas parecem se movimentar, como se executassem uma dança.

Quaisquer que sejam as estratégias, a sedução é o primeiro passo para outra atividade essencial para a sobrevivência do grupo: a sexualidade. Como todas as práticas íntimas, no entanto, essa permanece muito difícil de ser apreendida. Mas alguns vestígios arqueológicos nos permitem traçar o rastro das emoções e brincadeiras de nossos ancestrais...

Os indícios da sexualidade

A sexualidade parece ter desempenhado um papel importante na vida cotidiana e no universo mental dos pré-históricos, se acreditarmos na quantidade considerável de representações parietais, rupestres ou esculpidas destacando a genitália humana. As graciosas Vênus que exibem triângulos pubianos marcados são inúmeras, e outros segmentos anatômicos com conotação sexual também foram gravados nas paredes das cavernas.

Triângulos pubianos e falos são discretamente integrados às composições pictóricas, complementando um dispositivo mais global. Assim, no abrigo de Cellier (Tursac, na região francesa de Périgord), esses temas estão ao lado de imagens de animais. Randall White, professor da Universidade de Nova York radicado em Périgord, os conhece perfeitamente:

> O abrigo Castanet e o abrigo Blanchard forneceram oito ou nove vulvas gravadas. Nesse bloco do abrigo Cellier há cinco, de duas formas diferentes: uma redonda e outra mais triangular. Essa diferença levanta questões: as vulvas têm o mesmo significado, apesar de suas formas distintas?

Alguns pré-historiadores veem nessas figurações arredondadas a representação de pegadas de animais... Outros não excluem que os artistas tenham mantido essa confusão de modo intencional, e tenham até mesmo criado "trocadilhos formais", como o "bastão com seios", de Dolní Věstonice, que evoca, ao mesmo tempo, uma Vênus e um pênis com testículos.

Os triângulos pubianos rachados, gravados ou pintados, eram frequentemente destacados, colocados perto de anfractuosidades naturais que lhes davam toda a dimensão. Em um abrigo de arenito em Fontainebleau (França), três entalhes evocando uma vulva foram aprofundados com uma ferramenta há 20 mil anos, de acordo com o pesquisador Boris Valentin. Do lado direito do painel, uma rachadura natural foi ampliada e lembra um quadril e uma coxa. O conjunto todo lembra, estranhamente, *A origem do mundo*, de Courbet (ver ilustração da p. 191). Na caverna Chauvet, um triângulo pubiano denso e as duas coxas cônicas que o enquadram foram desenhados com carvão vegetal em uma estalactite. Os púbis inspiravam tanto os povos pré-históricos que às vezes eles se dedicavam a desenhá-los em locais de difícil acesso. O professor White atesta: "Algumas vulvas foram gravadas no teto dos abrigos. Sabemos disso porque encontramos a parte gravada diretamente em contato com o solo em que os blocos desabaram".

Afinal, por que tal profusão de representações sexuais femininas? O pesquisador nova-iorquino se pergunta: "Isso é um reflexo do respeito que se demonstrava às mulheres? É a expressão de um desejo de ver essas imagens agirem positivamente na vida cotidiana dos caçadores-coletores? As perguntas são amplas, mas não temos respostas!".

Os símbolos genitais femininos não são os únicos que atraíram a atenção dos artistas do passado. Os membros viris, muito menos frequentes, foram algumas vezes gravados nas paredes das cavernas, e alguns indivíduos do sexo masculino são representados com ereção. Falos em relevo (ou seja, tridimensionais) foram esculpidos em dentes ou bastões de marfim, e alguns adornam a extremidade de chifres de rena perfurados. O uso desses "bastões perfurados" ainda é debatido entre especialistas. A hipótese mais comumente aceita é que eles tenham sido usados para endireitar pontas para lança, de osso ou de chifre de cervídeos, naturalmente curvadas. De todo modo, os raros exemplares faliformes – menos de uma dúzia para cem estatuetas femininas conhecidas – foram representados em tamanho real, o que faz alguns cientistas refletirem. Oscar Fuentes, pré-historiador do Centro Nacional da Pré-História de Périgueux (França), relata as hipóteses ousadas de alguns de seus colegas:

> Marc Martinez e sua equipe estudaram os objetos em forma de pênis do sítio Roc de Marcamps (Gironda, França, Médio Magdaleniano). Os detalhes anatômicos – como a glande – são tratados com grande realismo. Eles levantaram a hipótese de que esses bastões eram usados durante cerimônias relacionadas à sexualidade. Fala-se até mesmo de brinquedos sexuais.

A abundância das representações sexuais realizadas ao longo de toda a Pré-História levanta a questão: estamos diante de símbolos de fertilidade? Trata-se de suportes de uma magia de reprodução? Ou trata-se, mais trivialmente, da evocação de práticas sexuais?

Parece difícil visualizar os laços de nossos ancestrais sem cair na fantasia e na especulação... No entanto, a arte em plaquetas gravadas está aí, discreta, desconhecida do grande público, e nos apresenta o primeiro *Kama Sutra* da história da humanidade. Em plaquetas descobertas nos recônditos das cavernas de Enlène (Ariège, França) e La Marche (Vienne, França), cenas curiosas poderiam abrir uma janela para a sexualidade de nossos ancestrais (ver ilustração da p. 93). Aqui, dois corpos gravados sobrepostos foram interpretados como representando uma dupla tentando praticar sexo na posição "de quatro"; ali, duas silhuetas evocam um casal em pé, estreitamente entrelaçado. Deve-se notar, no entanto, que a interpretação dessas duas cenas está longe de ser unânime entre os especialistas.

As técnicas de realização dessas obras as tornam, de fato, difíceis de entender. As plaquetas apresentam um emaranhado de linhas gravadas que são complexas de desvendar. Não se sabe se foram objeto de um processo qualquer que possibilitava vê-las melhor na época da produção. O fato é que, hoje, observamos um emaranhado inextricável de linhas cujas sobreposições dificultam muito a percepção dos diferentes desenhos originais. Como podemos ter certeza de que as duas mulheres representadas em posições invertidas, uma de cabeça para cima e a outra de ponta-cabeça, na caverna de La Marche foram realmente reunidas em uma mesma composição pelo artista? Se for esse o caso, poderíamos estar na presença da primeira representação do sexo oral e homossexual da história da arte. Outras práticas podem ter sido representadas: Oscar Fuentes menciona "uma plaqueta gravada com uma mão feminina perto de um pênis ereto", encontrada em Enlène (ver ilustração da p. 93, no canto inferior esquerdo).

Alguns pesquisadores acreditam perceber um líquido escapando do membro viril. Portanto, é possível que estejamos testemunhando uma cena de masturbação com mais de 10 mil anos. Diante de todos esses indícios, alguns especialistas também se prontificaram a falar de erotismo... e até de pornografia!

É difícil para os pesquisadores de hoje não ver o reflexo das fantasias masculinas nos seios opulentos das Vênus e nas vulvas gravadas nas paredes. No entanto, muitos pré-historiadores rejeitam essa hipótese, que lhes parece anacrônica. A opinião de Nicholas Conard é categórica: ele evoca um "disparate".

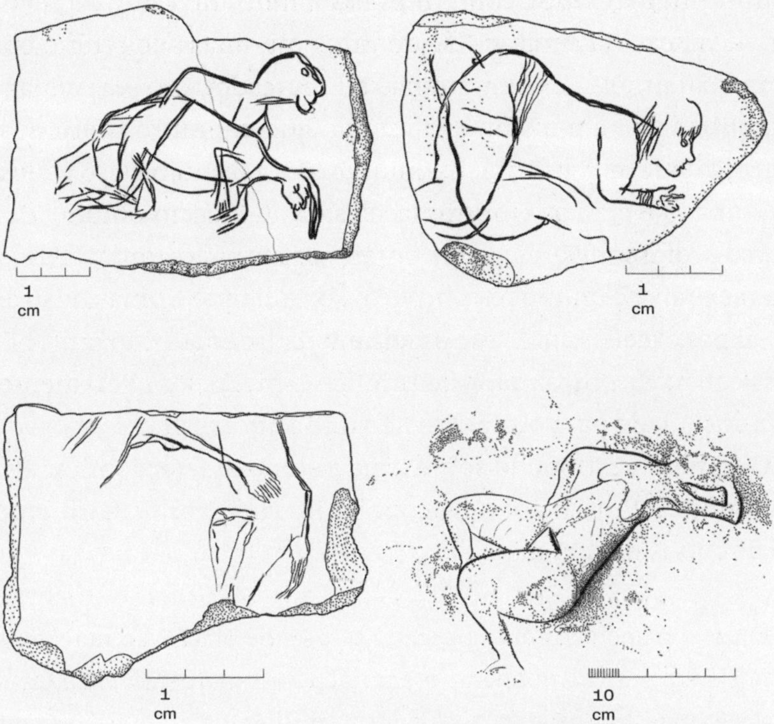

Duas plaquetas gravadas com cenas sexuais da caverna de Enlène (Ariège, França), coluna da esquerda.

No canto superior direito, uma representação identificada na caverna de La Marche (Vienne, França); no canto inferior direito, uma mulher lascivamente deitada na parede do abrigo da Magdelaine, em Penne (Tarn, França).

É preciso saber reconhecer nossas projeções contemporâneas... e evitar calcá-las diretamente no passado! [...] Obviamente, nossos ancestrais tinham a noção de afeto, de erotismo. Mas nada nos permite argumentar que isso ia na direção de uma dominação masculina, como é o caso da noção contemporânea de pornografia. De qualquer forma, não é o que vejo na Vênus de Hohle Fels.

Quando Catherine Schwab vê as manchetes de algumas revistas que retratam os humanos dos tempos pré-históricos como obsessivos sexuais, ela ri. "A proporção de representação sexual na arte paleolítica não é mais importante do que em outros períodos da história da arte!", lembra, apontando para os numerosos falos da era romana e para as pinturas lascivas do Renascimento.

Já o professor Denis Vialou enfatiza a natureza mutável das práticas sexuais de ontem para hoje: "A sexualidade é uma construção social por excelência. Ela se baseia em padrões que são múltiplos e que acabam se cruzando. [...] O erotismo muda completamente de uma sociedade para outra. Ele não tem *uma* norma".

Quando questionado sobre uma potencial fixação mental dos humanos da Pré-História na copulação, Nicholas Conard propõe pôr as coisas em perspectiva:

> O povo paleolítico era obcecado por sexo? Não! Não mais do que nós! Mas é um componente essencial para a sobrevivência do grupo... Você pode cantar, dançar, fazer um milhão de coisas, mas nada é tão essencial para o sucesso de uma população quanto a reprodução bem-sucedida.

Portanto, é possível que a busca pelo prazer sexual estivesse no centro das preocupações íntimas de nossos ancestrais, pois essas trocas positivas estreitavam os laços entre os indivíduos... além de garantir fecundações mais numerosas!

Surge então uma pergunta: os humanos da Pré-História faziam alguma conexão entre sexualidade e reprodução? Um sítio arqueológico excepcional parece fornecer elementos de resposta a essa questão crucial.

I

Nossa investigação em busca de mulheres pré-históricas continua no abrigo Roc-aux-Sorciers, em Vienne (França). Esse sítio arqueológico foi descoberto em 1927 por Lucien Rousseau. Ele é conhecido por seu impressionante friso esculpido representando – entre outras coisas – mulheres sublimes em tamanho real. Essas Vênus de calcário foram reveladas em 1950 por... duas mulheres! Suzanne de Saint-Mathurin e Dorothy Garrod não tinham ideia de que sua descoberta seria classificada no âmbito dos monumentos históricos em 18 de janeiro de 1955.

Roc-aux-Sorciers é um abrigo sob rochas em uma posição ideal, onde os humanos gostavam particularmente de se alojar. "Há 15 mil anos, em Roc-aux-Sorciers, havia uma falésia voltada para o sul, com uma vista magnífica do vale onde corre o rio Anglin, bem como mirantes onde os animais se reuniam...", conta Geneviève Pinçon, responsável científica do sítio.

O lugar foi ocupado durante o Paleolítico Superior, e os artistas expressaram seu talento há cerca de 15 mil anos. Esse ponto é importante, porque é raro e valioso conhecer a datação de obras pré-históricas. Os arqueólogos frequentemente confrontam problemas cronológicos devido ao fato de que as obras gravadas não contêm materiais que podem ser datados por métodos como o carbono-14. O caso de Roc-aux-Sorciers é excepcional: os pré-historiadores tiveram a sorte de descobrir, no meio dos sedimentos arqueológicos, fragmentos de obras destacadas da parede durante um desmoronamento. A parede esculpida pôde, portanto, ser datada por associação com os fragmentos do friso encontrados no solo de ocupação. Além disso, esse sítio também é notável pela monumentalidade de suas obras. Apenas o teto totaliza quinhentos metros quadrados de superfície ornamentada, mas, como Geneviève Pinçon nos ensina, "o afresco, provavelmente, é duas vezes maior do que conhecemos. Apenas vinte metros de comprimento foram limpos e outros vinte, preservados como reserva arqueológica".

É o suficiente para fazer grandes descobertas nos próximos anos, quando a tecnologia permitir novas análises. As obras desse abrigo devem ser observadas em um silêncio introspectivo, pois seu artesanato é magistral e seu tamanho, imponente: "São esculturas monumentais, com figuras humanas e animais em tamanho real. Essas obras eram visíveis de longe, porque a paisagem do momento era a de uma tundra aberta".

Gravados na parede do abrigo de Roc-aux-Sorciers (Vienne), dois íbex machos – no topo – parecem competir pelos favores de uma fêmea no cio – no canto inferior esquerdo – acompanhada por seu filhote – no canto inferior direito.

Na parte da parede visível atualmente, dois íbex e uma cabeça humana, talvez masculina, recebem o visitante. Em seguida, há um rebanho de caprinos com dois machos excitados (acima) que disputam os favores da fêmea no cio acompanhada por seu filhote (abaixo); alguns passos adiante, o admirável tríptico das mulheres é seguido pelo painel de cavalos e, finalmente, dois bisões fecham o incrível friso de cerca de quinze metros.

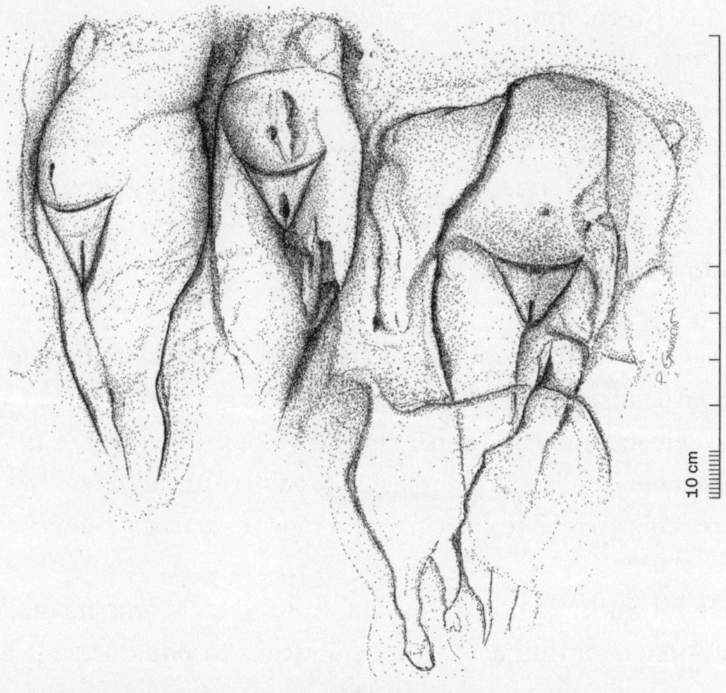

Quase em tamanho real, três mulheres nuas, representando potencialmente as "três idades da vida", se erguem na parede do abrigo de Roc-aux-Sorciers (Vienne, França).

Essas obras delicadas exigiram uma preparação preliminar da parede, que foi desbastada antes do início da gravura. Apesar de o observador moderno ver principalmente sulcos profundos em um fundo liso de cor creme, sua percepção certamente é parcial. Assim como as catedrais medievais eram policromadas, é bem possível que as gravuras fossem realçadas com cores. De fato, Geneviève Pinçon se maravilhou ao revelar traços de pigmentos: "Um personagem foi esculpido, gravado e pintado!".

Os modelos são particularmente realistas. Essa característica não é única na arte pré-histórica, e tais figurações, como os cavalos de Chauvet, na França, e os bisões de Altamira, na Espanha, são inúmeras. No entanto, em Roc-aux-Sorciers, o artista demonstrou uma verdadeira originalidade no tratamento da figura antropomórfica. Sobre esse assunto, o entusiasmo de Geneviève Pinçon é contagiante: "Não há, em outras partes do mundo, figuras humanas tão bem caracterizadas, com detalhes anatômicos nos rostos!".

Ela se posiciona, orgulhosa, diante do painel das mulheres e comenta o tesouro do qual é a guardiã:

> Primeiro temos uma mulher de frente, depois uma mulher de perfil com a linha de pigmentação de mulheres grávidas jovens... E aqui uma terceira mulher, que não tem curvas: provavelmente é uma jovem ou uma mulher muito velha. Esse painel é único! Temos três mulheres em tamanho real que não têm cabeça, nem pés, nem braços...

A ênfase foi colocada nos sinais da feminilidade, como na maioria das estatuetas femininas. "A rugosidade da parede foi usada para enfatizar a vulva da primeira mulher. Também se vê o detalhe de seu mamilo." Aqui, os indivíduos desaparecem diante dos detalhes anatômicos.

Isso permite a Geneviève Pinçon argumentar que o discurso dos artistas vai muito além da representação realista das mulheres de seu grupo: "Vemos o ciclo completo da vida da mulher representada de uma forma genérica. É a história de um corpo que, em determinado momento, é fértil e, em outros momentos, deixa de sê-lo".

Então, esse afresco monumental é realmente uma ode à fertilidade? Para Catherine Schwab, há poucas dúvidas: "Representa-se a jovem, a mulher que acabou de dar à luz, e também, provavelmente, a mulher na menopausa. Temos uma representação dos três estágios da vida, que ainda giram em torno do pivô da gravidez".

Em apoio a essa leitura, Oscar Fuentes encontra um eco do simbolismo em alguns detalhes das representações animais do sítio: "O lado 'maternidade' da bisonte é muito importante, porque ela recebeu detalhes anatômicos que normalmente não estão presentes, como o úbere e os mamilos do úbere!". O painel dos íbex também oferece um resumo das atitudes desses animais no cio, bem como uma possível alegoria da fertilidade:

> Temos o provável confronto entre dois machos excitados embaixo da fêmea que ergue a cauda e mostra uma vulva dilatada. Ela também está acompanhada por um filhote. A mensagem é bem clara. O caráter feminino desse íbex fêmea também é reforçado pela presença da parte de baixo de um corpo feminino em subgravura.[10]

Para Oscar Fuentes, o discurso é claro: "Em Roc-aux-Sorciers, os artistas seguiam claramente o fio vermelho da fertilidade".

Segundo Geneviève Pinçon, esse grupo de Roc-aux-Sorciers teria esculpido na rocha uma espécie de friso pedagógico, semelhante a uma história em quadrinhos, para explicar a ligação entre o ato sexual e a procriação. "Os magdalenianos são homens e mulheres como nós: eles tinham entendido tudo! O painel dos

10 O friso não foi criado de uma só vez. Os pesquisadores distinguem três períodos de realização, provavelmente de acordo com três temporadas de ocupação. Isso explica por que algumas gravuras foram feitas em cima de outras. Para os pesquisadores, esse mil-folhas visual reforça o simbolismo das imagens esculpidas.

íbex ilustra isso sem deixar dúvida; vemos a fêmea, seu filhote, os machos excitados." A pré-historiadora está certa de que nossos ancestrais entendiam perfeitamente os estágios da reprodução humana e animal.

A conexão é evidente. Além disso, esse painel responde àquele das três mulheres nas três fases da vida, que, por sua vez, se inscreve numa abordagem mais conceitual e, por que não, mitológica.

Ainda que alguns insistam em acreditar – contra a grande maioria dos pré-historiadores – que os contemporâneos de Lady Sapiens não entendiam o ciclo da vida, para Nicholas Conard, não há dúvida possível:

> Algumas pessoas argumentam que os humanos pré-históricos não entendiam nada de reprodução. Eu, particularmente, acho isso muito improvável! Essas pessoas estavam muito mais conectadas ao ambiente do que nós. Não é preciso ser um gênio para entender que, como todos os outros animais, quando há relação sexual, há gravidez.

Geneviève Pinçon faz uma observação adicional: "As mulheres estão associadas aos bisontes. Talvez isso seja muito simbólico, porque o bisonte é um dos raros mamíferos com uma gestação igual à dos humanos, pois dura nove meses". Dessa forma, os habitantes do local mostravam ter um perfeito conhecimento dos processos de reprodução.

Todos esses elementos tendem a mostrar que o sítio é fruto de uma elaboração intelectual e simbólica complexa... Mas que discurso está escondido por trás desse incrível afresco? É difícil dar uma interpretação definitiva. De qualquer forma, a representação de uma cena banal da vida cotidiana parece excluída, pois o investimento das populações para executar a obra foi muito grande. Para Geneviève Pinçon, "talvez eles desejassem representar um mito... ou um fato natural, ou um conceito...".

Oscar Fuentes, por sua vez, vê nisso a personalização dos conhecimentos ancestrais que devem ser entendidos pelo maior número possível de pessoas: "Esse painel não evoca as mulheres; é, na verdade, uma alegoria da fertilidade. [...] Tudo isso nos remete a um pensamento simbólico comum entre humanos e animais".

Também é possível que os povos pré-históricos tenham desenvolvido uma mitologia em torno da fertilidade humana, ligando-a ao meio ambiente e às figuras animais. É raro que o ato sexual seja percebido nas sociedades tradicionais como uma operação simples que consiste em produzir "clinicamente" uma nova vida. Michèle Coquet enuncia essa constante antropológica: "Sabe-se que um ato sexual entre um homem e uma mulher é necessário para ter um filho... Mas nunca é suficiente! As teorias autóctones de reprodução às vezes são muito complexas". Para criar um novo ser humano, magia e espiritualidade se insinuam em contos e narrativas cosmogônicas:

> Seres externos (espíritos dos mortos, potências da natureza) também contribuem para o surgimento do novo ser humano. Para os aborígenes da Austrália, o homem serve para abrir o caminho para a entidade através do ato sexual, e depois a alimenta graças ao seu esperma. A mulher irá ao encontro de pequenos seres em lugares sagrados para fazê-los vir ao seu seio. Essa caminhada é favorecida durante a menstruação da mulher.

Não é impossível que os povos pré-históricos mantivessem esse tipo de discurso e inventassem gestos que deveriam promover a reprodução humana. Criar uma família é uma aventura universal que preocupa as mulheres desde o início da humanidade.

5

Constituir uma família

Para considerar a vida íntima das mulheres pré-históricas, é essencial partir em descoberta de suas famílias. Qual era a estrutura delas? Como a vida cotidiana se organizava? Como as mães mantinham suas atividades, apesar do tempo necessário para cuidar das crianças que amamentavam e educar as mais velhas?

Encontros emocionantes com especialistas em paleogenética, primatologia ou antropologia permitem delinear os contornos desses retratos de famílias dos primórdios... Todos os pesquisadores concordam que a figura de proa das unidades familiares é sempre a mãe, cuja existência é protegida a todo custo. O professor pesquisador Nicholas Conard insiste nessa evidência antropológica: "É essencial para a demografia do grupo que as mulheres sejam saudáveis. Perder um homem é indesejável, mas não é tão ruim... Por outro lado, se mulheres e crianças começam a morrer, a situação se torna muito delicada!".

Existem muitas maneiras de morrer no Paleolítico... Especialmente durante o parto do bebê, considerado um momento delicado antes da invenção da medicina moderna. Há 7 milhões de anos, o bipedismo reorganizou a bacia da mulher e modificou a mecânica do parto; a isso se soma o volume craniano do gênero *Homo*, que aumentou no decorrer de nossa evolução. Contudo, essas mudanças são obstáculos ao nascimento de uma criança? Essas restrições aumentariam os riscos de mortalidade materna e neonatal durante o parto?

Cabeças fortes!

"Nos hominídeos que viveram há 2 milhões de anos, foi encontrado um cérebro 20% mais imponente do que o dos grandes macacos. Mas esse tamanho permanece três a quatro vezes menor que o dos humanos atuais!", nos explica, com moldes de crânio em mãos, Jean-Jacques Hublin, especialista de renome mundial e diretor do departamento de Evolução Humana do Instituto Max Planck [Max-Planck-Gesellschaft], em Leipzig, na Alemanha. Infelizmente, não encontramos cérebros fossilizados que datam da época de Lady Sapiens. Porém, os pesquisadores podem avançar em suas reflexões analisando os crânios. Estes últimos se tornam testemunhas indiretas do funcionamento do cérebro, um órgão essencial para a compreensão de nossa evolução. Assim, foi possível estabelecer quão rapidamente nosso cérebro e sua caixa óssea evoluíram dentro do gênero *Homo*.

Para possibilitar o aumento do volume cerebral sem aumentar o risco de morte das mães no momento do parto, a evolução nos dotou de um estratagema que se esconde em nosso esqueleto. O crânio dos bebês é excepcionalmente pequeno em proporção ao tamanho do crânio humano maduro, e essa "desproporção é muito maior em humanos do que o que é observado em outros macacos", observa o professor Hublin. Enquanto manipula seus moldes, ele aponta para outra singularidade humana:

> Aqui está o crânio de um recém-nascido de sete dias. É muito pequeno! Há um aumento de quatro vezes no tamanho do cérebro entre o nascimento e a idade adulta. O cérebro, no momento do parto, tem apenas 23% do seu tamanho maduro! Enquanto nos chimpanzés, ao nascer, um cérebro mede quase 40% de seu tamanho final. E entre as macacas,[11] essa proporção sobe para 70%!

Se a criança nasce com um cérebro pequeno, seu crescimento ocorre essencialmente fora do útero materno e não atingirá o tamanho adulto até cerca de catorze ou quinze anos de idade.

Um crescimento extrauterino de tal magnitude é tipicamente humano. Ele possibilita obter um volume craniano adulto maior do que em qualquer outro primata, sem inviabilizar o parto. Obviamente, o tamanho do cérebro não é tudo na evolução do comportamento humano:

> Não há apenas uma mudança no tamanho do cérebro, mas também uma mudança em sua organização. Por volta de -300.000 anos, chegamos a uma capacidade cerebral média de 1.400 centímetros cúbicos: o tamanho atual em um adulto. Especificamente nas linhagens que levam aos humanos modernos atuais (*sapiens*), verifica-se que a caixa craniana se torna muito mais globular. Essa mudança é acompa-

11 A palava macaca é aplicada para designar primatas da superfamília Cercopithecoidea, diferenciando-os daqueles da superfamília Hominoidea (entre os quais está o chimpanzé, juntamente com o gorila, o bonobo, o orangotango, o gibão e o humano). Macaca é também um gênero dentro da família Cercopithecidae, chamados de "macacos do Velho Mundo". (N. R. T.)

nhada por uma reorganização do cérebro, especialmente no cerebelo. Acredita-se que ele esteja envolvido na produção da linguagem, nas interações sociais e em seu circuito de recompensa.

Esses elementos levaram o ser humano a se tornar o que o define plenamente hoje: um macaco singular, capaz de elaborar símbolos, conceitos e pensamentos abstratos, fabricar ferramentas e máquinas, construir relações e redes de trocas com seus semelhantes... Essas características cerebrais também nos tornam animais ultrassociais. São elas o terreno fértil que permitiu o nascimento das sociedades agrárias, das civilizações e, hoje, o crescimento de nossa sociedade ultraconectada. Desde a Pré-História, nossa evolução ainda está em curso e, como reforça o professor Hublin, só vai parar com a extinção de nossa espécie. Assim, "nos últimos 10 mil anos, assistimos a uma ligeira redução do tamanho do cérebro nos *sapiens*".

Essa redução está relacionada ao fato de que o volume do cérebro é proporcional ao tamanho; o *Homo sapiens*, no Paleolítico Superior europeu, era muito grande, com uma altura média de 1,80 m entre os homens.

Dar à luz, uma aposta menos arriscada

O bipedismo surge dentro da família dos hominídeos à qual pertencemos. Especialistas ainda investigam a identidade de nosso ancestral mais distante que teria ficado sobre suas patas traseiras de forma regular. Entre os candidatos favoritos estão o chadiano *Sahelanthropus*, batizado de Toumai (7 milhões de anos), o queniano *Orrorin* (6 milhões de anos) e o etíope *Ardipithecus ramidus* (4,4 milhões de anos). É muito difícil desempatar esses candidatos ao trono de primeiro bípede, primeiro a desafiar as leis da gravidade. Além das disputas entre os especialistas, pegadas de 3,6 milhões de anos descobertas na Tanzânia provam, com certeza, que caminhar é um legado muito antigo. Após esses milênios de peregrinações em posição vertical, Lady Sapiens, no Paleolítico Superior, é, portanto, uma bípede perfeita.

Ficar em pé transformou nosso corpo e comportamento em escala individual, e também social. Contudo, as mulheres tiveram suas vidas mais transformadas, porque essa verdadeira revolução postural modificou significativamente sua bacia. July Bouhallier, doutora em paleontologia humana e diretora do Instituto de Pesquisa e Ações para a Saúde da Mulher [Institut de Recherche & d'Actions pour la Santé des Femmes – IRASF] na França, decifra essa transformação:

> Com a prática do bipedismo, a bacia se reorganizou completamente. Ela passou de uma forma em extensão, própria aos primatas não humanos, para uma forma que se diz estar em "pressão", ou seja, mais curta e mais larga, para sustentar a posição vertical.

Essa modificação da bacia obviamente afeta ambos os sexos de nossa espécie. No entanto, diferentemente das bacias masculinas, as femininas não são apenas ferramentas de caminhada e tigelas de osso usadas para sustentar as vísceras. As mulheres também as usam para carregar as crianças e dar à luz, e tiveram que enfrentar novos desafios durante o parto: "A extremidade da coluna vem fechar a bacia, o que obriga o feto a passar por um segmento sinuoso. O movimento do feto dentro da cavidade pélvica para sair do útero da mãe é, portanto, modificado".

Porém, Lady Sapiens conseguiu superar essas modificações naturais nascidas da evolução... O corpo da mulher, assim como o do bebê, desenvolveu diversas soluções que permitiram a este último encontrar o caminho para a vida, apesar da importante mudança morfológica. De início, os ossos do bebê, especialmente os da cabeça, ainda não estão unidos. O crânio é, na verdade, dividido em várias placas ósseas móveis e moleiras, "espaços livres entre os ossos do crânio do bebê que permitem que as diferentes partes do crânio se sobreponham no momento da expulsão da criança quando está um pouco apertado".

Esse engenhoso estratagema da natureza é acompanhado por outro fenômeno essencial:

> No processo de dar à luz, as mulheres produzem muita relaxina. Trata-se de um hormônio que permite que as articulações sejam mais flexíveis. A bacia, portanto, vai amolecer, e os diferentes ossos que a compõem vão se separar para se adaptar ao tamanho da criança e facilitar sua passagem.

Durante o parto, a futura mãe também pode realizar uma série de gestos muito intuitivos. As ondulações da bacia permitem, assim, acompanhar a ação da relaxina para "desatar" os ossos pélvicos e acelerar também a dilatação do colo do útero. Entretanto, para se mover livremente, a posição alongada, agora adotada quase sistematicamente nos hospitais ocidentais, não é a melhor; ela parece antinatural para July Bouhallier, que continua sua explicação:

> A posição deitada desenvolveu-se ao mesmo tempo que a generalização do parto no hospital. [...] No entanto, posturas verticais são muito mais vantajosas! Elas permitem mobilizar a bacia e, em particular, o sacro, que não pode se mover se estiver bloqueado pela mesa de parto.

Os pontos positivos da posição em pé são vários e vão muito além da liberação do movimento: "Aproveita-se a gravidade, evita-se que a mãe sofra muitas dores e permite-se que ela respire melhor".

Permanecer na posição vertical é, portanto, mais natural, e as práticas tradicionais estão aí para demonstrar isso. Em muitas sociedades, as mulheres também dão à luz em uma posição de cócoras. As atuais caçadoras-coletoras não teriam a ideia de se deitar para dar à luz, e nossos ancestrais – próximos ou distantes – provavelmente seguiriam essa técnica que parece mostrar bom senso: "Quando voltamos às primeiras representações do parto, já na Antiguidade, as mulheres estão sempre em posição vertical. Estejam ajoelhadas, agachadas, em pé... a verticalidade está sempre presente!".

Essa posição ainda permite à mãe conservar sua autonomia e dar à luz sem a ajuda de parteiras, "a exemplo das mulheres do povo San do Kalahari, que dão à luz sozinhas no deserto", como lembra a antropóloga Michèle Coquet.

Para ter um parto bem-sucedido, a experiência e o instinto da parturiente eram decisivos. No entanto, dentro de uma comunidade tão próxima e solidária quanto a dos humanos da Pré-História, é certamente possível imaginar que outras mulheres interviessem para orientar o nascimento em caso de dificuldades. É muito provável que as técnicas para ajudar no parto tenham se espalhado entre a população feminina, por meio de experiências pessoais. Nicholas Conard acredita que as estatuetas de Vênus podem ter desempenhado um papel na transmissão do conhecimento feminino em torno da fertilidade. Quando menciona a Vênus de Hohle Fels, vê nela mais do que um objeto... Para ele, trata-se, certamente, de um apoio para discussões práticas e simbólicas dentro do gineceu paleolítico: "O saber associado à reprodução humana e ao parto, mas também a muitos outros aspectos da fertilidade em um sentido amplo, pôde ser transmitido com esse objeto de geração em geração".

Essa hipótese da "paleoparteira", todavia, permanece inverificável. Por outro lado, o estudo da evolução nos ensina com certeza que a anatomia da mulher está bastante adaptada para dar vida sem grandes obstáculos: "Não se observa uma morfologia da bacia que seria preditiva de morte materna", considera July Bouhallier. "Em outras palavras, não existe uma forma de bacia – excluindo alguma patologia – que possa impedir o parto."

Se não fosse esse o caso, não estaríamos aqui para discutir isso...

Mãe de família numerosa?

De acordo com Michèle Coquet, pesquisadora em antropologia cultural, as mulheres não esperaram pelos métodos modernos de controle de natalidade para manter o domínio de seus corpos. Ela evoca o pleno conhecimento do controle da gravidez nas populações que estudou: "As mulheres sabem muito bem que, assim que sua menstruação cessa, é porque estão carregando uma criança. Elas controlam seu ciclo menstrual e sua fertilidade. Elas também praticam a abstinência quando não querem procriar". Para a dra. Coquet, "as mulheres são mestres de sua fertilidade. Elas conhecem plantas abortivas que lhes permitem administrar a maternidade da maneira como desejam".

O consumo desse tipo de planta certamente ocorria durante a Pré-História, tendo em vista o conhecimento empírico que nossos ancestrais tinham do mundo vegetal. A prática atravessou séculos. Na Antiguidade, Plutarco ressalta que a observação etológica da cabra permitiu que as mulheres entendessem que o consumo de *Origanum dictamnus* – uma erva da família do orégano – possibilitava a expulsão de fetos jovens do útero. As matronas não teriam se privado de imitar os caprinos selvagens para interromper uma gravidez incômoda. Sorano de Éfeso também menciona diferentes métodos a serem aplicados durante os primeiros trinta dias de gravidez a fim de desalojar a futura criança... Algumas sugestões podem parecer engraçadas, como pular no lugar ou beber um vinho leve. Outras podem ser de fato eficazes, porque são fisiologicamente traumatizantes, como "ser sacudida em uma carroça" ou "realizar lavagens purgativas". A introdução de um óleo quente e doce na vagina também é apresentada como solução abortiva eficaz.

Poucos médicos da Antiguidade se manifestaram contra o aborto, mas, em geral, eles concordavam que intervenções mais precoces são preferíveis para a saúde da futura mãe: evitar a fertilização continua sendo a solução ideal. O uso de produtos de aplicação intravaginal era também conhecido pelos antigos egípcios. Os componentes grossos e pastosos dessas preparações provavelmente possibilitaram obstruir pelo menos parcialmente o canal uterino e bloquear a progressão dos espermatozoides.

Apesar de todas essas precauções, é claro que uma gravidez indesejada podia ir até o fim... Michèle Coquet explica que, quando a gravidez não podia ser evitada ou abreviada, as mulheres nas sociedades tradicionais podiam recorrer ao infanticídio:

> As mulheres do povo San do Kalahari dão à luz sozinhas no deserto e decidem sozinhas sobre a vida ou a morte do bebê que acabaram de trazer ao mundo... Isso não significa que seja uma decisão que elas tomam sem dor, embora obviamente sua escolha também seja feita de acordo com as circunstâncias da vida no grupo.

Apesar de todas as estratégias de controle de natalidade ao seu alcance, Lady Sapiens decidiu se tornar mãe de uma família numerosa? A pintura convencional, especialmente através de obras como *Duas mães*, de Léon Maxime Faivre, imprimiu em nossas retinas a imagem de uma mulher pré-histórica cercada por muitas crianças agarradas aos seios. Essa imagem é tendenciosa? As famílias numerosas eram desejáveis – e, sobretudo, administráveis – para os caçadores-coletores do Paleolítico Superior?

O modo de vida de nossos ancestrais não era muito propício à proliferação da progenitura... Eles tinham que enfrentar inúmeras restrições físicas. Em primeiro lugar, o trabalho diário envolvia viagens de curta e média distância. E, acima de tudo, era necessário demonstrar uma significativa mobilidade durante as migrações sazonais entre os vários acampamentos. Michèle Coquet também lembra que, entre os atuais caçadores-coletores, "as maternidades estão espaçadas entre quatro a cinco anos. Seu modo de vida exigente impõe um controle da natalidade".

Jean-Jacques Hublin também não acha "muito realista imaginar famílias numerosas. A fertilidade geral das mulheres é menor no Paleolítico do que a partir do Neolítico".

Ter um filho não é apenas assunto de biologia e meio ambiente. É uma decisão que resulta de escolhas pessoais e culturais. Então, quantos filhos Lady Sapiens escolheu para criar na família? Há alguns anos, teria sido muito ambicioso esperar uma resposta, mas os avanços na ciência e a abertura de campos inéditos de investigação permitem agora quebrar esse silêncio. Isso se dá, em particular, graças às pesquisas conduzidas por Vincent Balter, pesquisador do CNRS afiliado à Escola Normal Superior de Lyon.

Descobertas sobre o aleitamento e o desmame

Vincent Balter é especialista em isótopos de cálcio. Graças a essa análise, ele foi capaz de precisar a idade de desmame de crianças australopitecas e do *Homo erectus,* o que pode nos esclarecer sobre os períodos seguintes.

Todo objeto – uma folha de grama, um pedaço de carne ou uma gota d'água –, composto de carbono, hidrogênio e uma série de outros elementos químicos, contém uma assinatura muito particular, dependendo de sua composição isotópica. Assim, todo alimento ingerido por um animal ou um ser humano deixará sua assinatura isotópica nele, marcando de certa forma sua carne, seus ossos e seus dentes. É possível detectar esses elementos muito depois da morte do indivíduo. Carbono, estrôncio e cálcio são particularmente interessantes: o primeiro permite datar os restos ósseos de um indivíduo (é o famoso carbono-14), o segundo, sua origem geográfica, e o terceiro, a duração da amamentação na primeira infância.

Como os dentes registram os níveis de cálcio à medida que crescem, esses níveis podem ser medidos tomando microamostras da coroa de um dente de cima para baixo, para acompanhar a evolução de seu crescimento. Vincent Balter pode, assim, identificar o período de desmame, quando a criança abandona o leite materno para adotar uma dieta mais variada.

O leite materno, a propósito, apresenta características específicas que tornam o período de amamentação muito perceptível quando se estuda a dentina. Vincent Balter desvendou seus segredos: "Os isótopos do cálcio no leite materno têm uma assinatura muito especial e única. Medir o nível de cálcio materno em diferentes locais do dente, em diferentes idades de seu crescimento, permite coletar dados sobre a idade do desmame".

O resultado tende a mostrar que a duração da amamentação era relativamente longa, compatível com o que é praticado em populações não industrializadas. Vincent Balter acredita que esse comportamento humano é antigo:

> Para o *Homo erectus* de cerca de 2 milhões de anos atrás, essas assinaturas características de leite foram encontradas até os quatro anos

> de idade, o que mostra que as crianças pequenas eram cuidadas por seus pais por um longo tempo. Entre 2 milhões de anos e o Paleolítico Superior, há, então, poucas chances de que as necessidades da criança fossem menores.

Para proceder com a investigação, ele realizou estudos isotópicos em dentes de leite de australopitecos (3 milhões de anos), *Paranthropus*, espécies parentes dos australopitecos, mas mais robustas (3 milhões de anos), de *Homo erectus* (2 milhões de anos), de macacos atuais e de humanos modernos.

Análises complementares serão realizadas em breve em dentes do Paleolítico Superior (-40.000 a -10.000 anos). Nessas sendas, a aventura científica está apenas começando... No entanto, é pouco provável que o ritmo de amamentação de Lady Sapiens fosse muito diferente do observado no *Homo erectus*. Pelo contrário, é "razoável supor que esse padrão permaneceu constante a partir do momento em que, de fato, o cérebro não parou de crescer", acredita Vincent Balter.

O desmame do pequeno *sapiens*, com cerca de três, quatro anos, no entanto, ocorre mais cedo do que em nossos primos, os grandes símios, que alimentam seus filhotes até os oito anos de idade, mas de maneira bem diferente. Pequenos gorilas, chimpanzés ou orangotangos, para citar apenas alguns, se alimentam muito rapidamente por conta própria, sem, no entanto, privar-se de vir de vez em quando sugar o seio materno. Portanto, a diversificação alimentar ocorre muito cedo nessas espécies.

O resultado do estudo, aliás, não surpreendeu os especialistas, pois a amamentação prolongada tem muitas vantagens para as populações tradicionais. Primeiro, o leite é uma dieta saudável e rica para bebês *sapiens*. Em seguida, a amamentação ajuda a bloquear a fertilidade e reproduzir os efeitos de um meio químico moderno de contracepção. Como as mulheres raramente engravidam durante a lactação, o prolongamento da amamentação é uma ferramenta adicional para regular os nascimentos.

Como as mães geralmente não dão à luz durante a amamentação, saber a idade no desmame permite estimar o tempo decorrido entre cada gravidez. Vincent Balter, por um cálculo simples, pode, portanto, afirmar que as mulheres estavam longe de serem mães de famílias muito grandes: "Como as mulheres do Paleolítico podiam procriar até cerca de trinta anos, se contarmos a amamentação por dois a três anos, e um primeiro filho por volta dos catorze anos, isso nos dá um máximo de cinco ou seis nascimentos por mulher".

Essa é uma média razoável – sem contar a alta mortalidade de crianças pequenas – que permitiu que Lady Sapiens e suas congêneres criassem seus filhos em condições confortáveis. Especialmente porque as crianças vão se desenvolver e ser educadas por todo o grupo, como revela Jean-Jacques Hublin, que trabalhou com a sociobióloga americana Sarah Blaffer Hrdy, pioneira da psicologia evolutiva.

O humano, "reprodutor cooperativo"

O fato de que parte do crescimento do cérebro ocorre após o nascimento tem uma consequência muito importante no desenvolvimento da criança: o recém-nascido, e depois a criança, percebe o mundo exterior e interage com os membros de seu grupo. Essa maturação do encéfalo em um ambiente social aumenta e desenvolve as capacidades cognitivas dos pequenos humanos. E eles demonstram um potencial incrível para aproveitar seu ambiente durante a infância! "Tem o pai, a mãe, o cachorro... As pessoas falam à sua volta... Existem todos os tipos de estímulos que vão influenciar o estabelecimento de conexões cerebrais!", detalha Jean-Jacques Hublin.

É durante esse período da vida, até os cinco ou seis anos de idade, que são produzidos muitos estímulos sociais, e é também nesse momento que a criança precisa de toda a atenção de seus próximos. Para obter ajuda da mãe, ela pode contar com um hormônio muito divulgado há alguns anos: a ocitocina. "No momento do parto, e logo depois, as mães tomam banho de ocitocina: é um hormônio que promoverá o comportamento de apego."

A proximidade corporal com a mãe – reforçada pela amamentação – facilita o surgimento de um amor que se tornará ainda mais fusional, pois o bebê enviará fortes sinais à mãe para demonstrar seu desejo de contato. Não é apenas para receber carinho que ele promove o desenvolvimento de sentimentos de afeto, mas também, e acima de tudo, porque sua sobrevivência está em jogo. O bebê está longe de ser autônomo para se alimentar e vai usar todos os trunfos para obter seu alimento. Então, ele usa todo um arsenal de mímicas e mostra uma habilidade muito especial para decodificar o que chamamos de "comunicação não verbal".

"Mesmo após o desmame, a criança permanece dependente do grupo... É por isso que ela deve aprender a atrair a atenção dos outros e deve entender rapidamente as intenções dos indivíduos ao seu redor." Para nutrir essa comunicação, a criança vai começar a imitar as pessoas ao seu redor. Ela vai prestar atenção especial nos rostos das pessoas próximas e, apesar de visão aproximativa, será capaz de reconhecer o rosto da mãe a partir do segundo mês!

A criança é, de fato, um observador notável: etólogos e psicólogos estabeleceram que as crianças pequenas se concentram muito mais nos comportamentos de outros membros do grupo do que os macacos jovens. A leitura das emoções dos adultos também é mais fácil em humanos do que em animais. "O branco do olho dos humanos é muito imponente", explica Jean-Jacques Hublin, "o que torna legível a orientação do nosso olhar, enquanto nos macacos são os movimentos da cabeça que são percebidos, porque o olho deles não tem branco."

Confiar no movimento do olho permite ler de maneira muito mais sutil as intenções – às vezes ocultas – de nossos congêneres. Essa melhor compreensão das segundas intenções dos outros leva a uma socialização mais rápida e favorece as trocas com o grupo. Para a criança, essas interações vão se apoiar em um desejo que é raramente encontrado em macacos (com exceção dos saguis): o de agradar aos outros. É verdade que despertar um sentimento positivo em adultos é uma questão de sobrevivência para a criança, enquanto "para os outros grandes macacos, uma vez que o filhote é desmamado, ele pode se alimentar sozinho", lembra a antropóloga estadunidense Kristen Hawkes. "Esse não é o caso em humanos! Mesmo quando desmamadas, as crianças dependem das pessoas ao seu redor."

O pequeno *sapiens*, portanto, vai recorrer à emoção e, depois, demonstrar comportamentos altruístas assim que tiver idade suficiente para entender que são valorizados pela comunidade. Os sociólogos identificaram que as crianças compartilham facilmente seu alimento com outras pessoas. Os bem pequenos compreendem a importância fundamental do compartilhamento para criar um vínculo duradouro de confiança!

Para conduzir positivamente a educação de uma criança *sapiens*, a ajuda do entorno é muito bem-vinda e, novamente, a evolução se colocou a serviço dos pequenos humanos, distribuindo o apego amplamente ao seu redor, e não apenas à mãe.

Os humanos estão entre as raras espécies de "reprodutores cooperativos". Por trás desse termo pouco romântico está um investimento do casal e de todo o grupo na educação dos pequenos. Para os *Homo sapiens*, "acompanhar uma criança à idade adulta não é mais responsabilidade exclusiva da mãe, é um projeto coletivo que envolve vários membros do grupo", explica Jean-Jacques Hublin.

Outras espécies do reino animal compartilham conosco esse modo de funcionamento: as hienas e alguns primatas também são reprodutores cooperativos. Porém, esse tipo de organização está longe de ser majoritário, e nenhuma espécie levou o sistema mais longe do que a nossa.

A participação do grupo para maximizar as chances de sobrevivência da prole envolve a assistência prestada à mãe durante os primeiros meses de amamentação, com o grupo se responsabilizando não apenas por sua proteção mas também por sua alimentação, parcial ou total, durante os primeiros meses de vida do novo bebê. Alguns pesquisadores acreditam que esse cuidado com as crianças e a mãe começa com o *Homo erectus*, 1,8 milhão de anos atrás.

A partir de certa idade, todos os outros membros do grupo podem alimentar a criança através da pré-mastigação, o que os etnólogos observaram nas sociedades atuais de caçadores-coletores.

O cuidado da criança é um serviço que pode ser realizado por diferentes membros da comunidade. Esse comportamento também é conhecido em alguns macacos. Por exemplo, nas mães de chimpanzés, que compartilham a guarda de seus bebês... E, assim como os humanos, exigem referências confiáveis! Nos macacos, as "babás" são consideradas ainda mais eficazes se já tiverem experimentado a maternidade.

Porém, não acreditemos que o instinto protetor seja reservado às mulheres. Os homens, seguindo o exemplo de alguns chimpanzés machos que adotam órfãos, podem se envolver não apenas com seus filhos, mas também com pequenos fora de seu círculo familiar próximo. A causa dessa atitude também deve ser buscada no hormônio do apego: "Não são apenas as mulheres que produzem ocitocina! Os homens também a secretam. Percebemos sua influência nos pais, avôs... e avós, é claro!".

A respeito desses parentes próximos, é necessário mencionar uma das primeiras reviravoltas silenciosas de nossa história: "a revolução das avós"...

I

> Vendo-as trabalhar sob o sol durante horas e horas, colher plantas, fazer todos esses movimentos físicos, percebi como o trabalho que elas executavam era difícil! E olhando os dados temporais com precisão, percebi que elas faziam mais do que todos os outros membros do grupo!

Tudo começou quando Kristen Hawkes, professora emérita da Universidade de Utah, observou as atividades dos hadzas da Tanzânia, e concentrou sua atenção mais especificamente nas mulheres na menopausa.

Com sua parceira Sarah Hrdy, Kristen Hawkes escolheu se referir a essas mulheres como "avós". Esse termo designa a categoria das mulheres que já deram à luz, mas não podem mais fazê-lo. Uma população muito importante tanto socialmente quanto numericamente: "basta observar a estrutura etária nos grupos humanos modernos: um terço das mulheres da população não são mais férteis...".

Nos humanos modernos, é claro, mas as avós eram numerosas no Paleolítico Superior? Kristen Hawkes propõe rever nossos preconceitos sobre a expectativa de vida para construir uma visão mais realista do passado:

> Quando olhamos para a expectativa de vida em populações antigas, temos a impressão de que as pessoas morriam jovens... mas não podemos esquecer que esse é um cálculo matemático destinado a estabelecer uma média fortemente influenciada pelas muitas mortes infantis e pelos acidentes dos homens, cujas atividades eram perigosas. Essas mortes diminuem muito a estimativa da expectativa de vida. Mas, na realidade, havia muitas avós durante a Pré-História, como algumas sepulturas demonstram! Não se morria necessariamente cedo e havia muitas mulheres na menopausa entre a população.

Sophie A. de Beaune esclarece essa sutileza das estatísticas demográficas:

> O que diferia era a probabilidade de chegar à velhice, que era muito menor do que hoje, mas, tendo passado a infância e a idade dos partos para as mulheres, as pessoas podiam ter esperança de viver até a velhice. Ao atingir a idade adulta, um homem ou mulher saudável podia esperar viver sessenta anos.

De fato, a menopausa não é um artefato das sociedades pós-industriais, como às vezes encontramos registrado em escritos. As mulheres experimentam a menopausa em sociedades não industrializadas, e não há razão para que não o tenham feito também durante a Pré-História. Para Kristen Hawkes, a menopausa, uma exceção entre os mamíferos, que as mulheres compartilham apenas com alguns cetáceos, ajuda a explicar o aumento de nossa longevidade. "Então nos perguntamos: por que o período durante o qual podemos ter filhos é tão curto? Por que a sobrevivência das mulheres após a cessação de suas funções de progenitora é tão longa?"

A resposta tende a valorizar as mulheres maduras: isso ocorre porque as mulheres na menopausa têm um papel crucial a desempenhar na sobrevivência dos indivíduos mais jovens do grupo. Parar a fertilidade bem antes da idade da morte constitui claramente uma vantagem evolutiva. Uma mulher que ainda tem uma ou mais décadas de vida pela frente, mas que não está mais dando à luz, poderá investir sua energia na sobrevivência de seus filhos e netos.

> Mesmo quando desmamadas, as crianças precisam contar com as pessoas ao seu redor para se alimentar. Primeiro, elas são dependentes de sua mãe... até que ela tenha um novo filho. Assim, são as mulheres na menopausa que se tornam as fornecedoras de alimentos para os filhos de suas filhas. Ou de suas noras: isso também funciona!

> Contar com a ajuda das avós, portanto, permite que uma mulher procrie com mais frequência, porque ela sabe que seu último filho será cuidado pelas mais velhas.

Ao prestar assistência a uma progenitora, por esse motivo mais serena e produtiva, as avós garantiram a perpetuação dos próprios genes... É muito mais vantajoso construir uma linhagem de reprodutoras, em que umas apoiam às outras, do que encadear gravidezes sozinha, arriscando morrer e deixar nos braços do grupo uma criança jovem demais para ser autônoma. "Nosso estudo mostra que as fêmeas que sobrevivem muito depois da menopausa têm uma descendência mais numerosa. A lógica é implacável!"

Em primatas não humanos, as fêmeas com funções reprodutivas em declínio são frequentemente negligenciadas pelo grupo e morrem rapidamente após a menopausa. Suas condições de vida se deterioram porque elas não encontram mais um lugar ativo no grupo... "As fêmeas na menopausa têm expectativas de vida muito maiores em humanos do que em macacos, porque são um benefício real para o grupo no nosso caso... No reino animal, nada é gratuito", acrescenta Jean-Jacques Hublin. Os humanos provavelmente instituíram uma maior proteção das mulheres mais velhas em troca de todos os serviços prestados por elas. Um movimento às vezes descrito como "empático" pelos arqueólogos.

Sapiens soube, de fato, tirar proveito dessas mulheres para o benefício de todos, atribuindo-lhes grande parte da responsabilidade na aquisição de alimentos. Elas são, inclusive, provedoras de calorias ainda mais importantes do que os homens, se acreditarmos nas estatísticas destacadas entre os hadzas. As mulheres de uma certa idade são responsáveis por 30% dos recursos nutricionais, enquanto os homens fornecem apenas 5%. Elas certamente encontram menos proteína, mas são fornecedoras com quem se pode contar. Não esqueçamos que, como Kristen Hawkes nos lembra, "ao caçar grandes animais, as chances de alcançar o sucesso todos os dias são muito baixas! Para ter uma ingestão regular de alimentos, é muito mais seguro contar com a colheita e com a caça de presas pequenas".

Essas mulheres mais velhas, portanto, não são um peso para o grupo, mas um trunfo! Além disso, "as anciãs puderam ser uma fonte de considerável aprendizado e conhecimento. Somos estudantes insaciáveis e nossos cérebros grandes estão aqui para aprender regularmente e por um longo tempo". Mais uma razão para o grupo dedicar sua energia à sua sobrevivência.

De fato, a transmissão de saberes complexos requer tempo... Do ponto de vista da evolução, as mulheres amorosas e sábias veem, então, sua sobrevivência favorecida, porque o conhecimento que elas transmitem aos mais jovens é benéfico para a melhoria das condições de vida de todos.

Mas quando tudo isso começou? Quando a revolução das avós mudou o curso de nossa evolução? Kristen Hawkes, embora admita não poder dar uma cronologia precisa, acredita que essa profunda mutação "começou muito antes de nos tornarmos *sapiens*! Ela deve ser procurada nas raízes do gênero *Homo*, talvez 2 ou 3 milhões de anos atrás".

Essas pesquisas em antropologia lançam uma nova luz sobre o que nos tornou quem somos. Na base da nossa humanidade, foram a empatia, o compartilhamento e a colaboração que permitiram o desenvolvimento da nossa espécie, da nossa inteligência, da nossa cultura e das nossas trocas. Foi assim que o *sapiens* se estabeleceu no planeta à custa de outras espécies e conquistou um lugar à parte.

Durante milhares de anos, Lady Sapiens e suas companheiras foram mães e avós influentes. Tal como uma *working girl* dos tempos pré-históricos, a mulher também soube deixar sua marca no mundo do trabalho dessas sociedades paleolíticas, da mesma forma que o suposto homem caçador todo-poderoso!

6

Mulheres em todas as frentes

Não é fácil para nossos contemporâneos vislumbrar as tarefas diárias de nossos ancestrais... A noção de "trabalho" nas sociedades tradicionais também é radicalmente diferente da nossa. É difícil para os ocidentais que somos imaginar um sistema de produção no qual o tempo não pode ser monetizado e a duração do trabalho não é estritamente planejada. Os humanos do Paleolítico provavelmente estavam muito distantes dessas preocupações. Os horários de trabalho dos atuais caçadores-coletores, medidos pelos antropólogos, fornecem algumas indicações. De fato, os !kungs do deserto do Kalahari, na Namíbia, passam apenas doze a dezenove horas por semana em busca de comida. Isso lhes deixa bastante tempo para criar artesanatos eficazes e elegantes, expressar-se através da arte, contar mitos junto à fogueira e interagir com seus parentes sem se preocupar com a hora. Esse modo de vida foi provavelmente abraçado pelos humanos da Pré-História, dando-lhes assim total liberdade para dar à luz a incrível riqueza cultural que eles nos legaram.

Nos grupos de caçadores-coletores do Paleolítico Superior, a coesão e a solidariedade deviam ser valores essenciais para a sobrevivência dessas pequenas comunidades humanas. E todos, homem ou mulher, tinham que fazer parte de uma dinâmica cooperativa para o bom funcionamento da vida cotidiana.

No imaginário coletivo, a caça continua sendo a atividade mor da Pré-História, sendo o homem apresentado como o fornecedor de carne fresca por excelência. A teoria do "homem caçador", apresentada em 1966 no colóquio de mesmo nome ("Man the Hunter") pelos pesquisadores estadunidenses Richard B. Lee e Irven DeVore, reforçou essa imagem popular. Nossas investigações para encontrar as atividades e os gestos das mulheres da Pré-História nos revelaram uma imagem completamente diferente das ocupações diárias de nossos ancestrais: uma paleta de atividades de variedade inesperada, no cerne da qual a caça certamente ocupa uma posição importante, mas não tão predominante quanto fomos levados a acreditar. A busca por comida era responsabilidade de ambos os sexos, e as mulheres, como veremos, desempenharam um papel importante nisso. Quando a caça ou coleta eram prolíficas, o tempo que sobrava era mais frequentemente dedicado a tarefas domésticas básicas e a um artesanato onde, novamente, as mulheres não deixavam de se destacar.

E não acredite que a maternidade foi um obstáculo à participação de jovens mães na vida do grupo! A engenhosidade era necessária para deixar os braços livres. Essa primeira emancipação se apoia em uma ferramenta revolucionária para o Paleolítico Superior: o porta-bebê.

Prender o bebê às costas para liberar as mãos permite que a mãe fique disponível para atividades em grupo assim que os problemas relacionados ao parto terminam. Francesco d'Errico explica que esses primeiros porta-bebês da história da humanidade foram retratados em uma plaqueta de pedra encontrada no sítio paleolítico de Gönnersdorf, na Alemanha:

> Em suas cabanas, os caçadores-coletores magdalenianos usavam plaquetas de xisto para pavimentar o piso. Em duas dessas plaquetas, eles gravaram animais, e, em outras, representações femininas. O número de mulheres desenhadas aqui é impressionante! Foram recenseadas quatrocentas representações femininas em cerca de 120 plaquetas encontradas no chão!

Tal profusão de obras de arte pisoteadas desperta espanto, mas o pré-historiador Romain Pigeaud traz uma explicação:

> Essas plaquetas ornamentadas parecem reutilizáveis e recicláveis. É possível que elas tenham sido gravadas durante cerimônias... Depois jogadas fora quando não eram mais necessárias, e usadas como pedras para fogueiras ou pedras de pavimentação... E recuperadas mais tarde para fazer uma nova gravura!

Olhando atentamente para essas plaquetas descobertas por Gerhard Bosinski, Francesco d'Errico aponta a presença da gravura de um porta-bebê:

Há uma plaqueta sobre a qual se vê claramente uma mulher com um porta-bebê nas costas. Esse instrumento se assemelha aos de alguns povos indígenas da América. É uma estrutura rígida, separada das costas da portadora. É possível que os porta-bebês tenham sido decorados, pois vê-se algumas gravuras nesse exemplar.

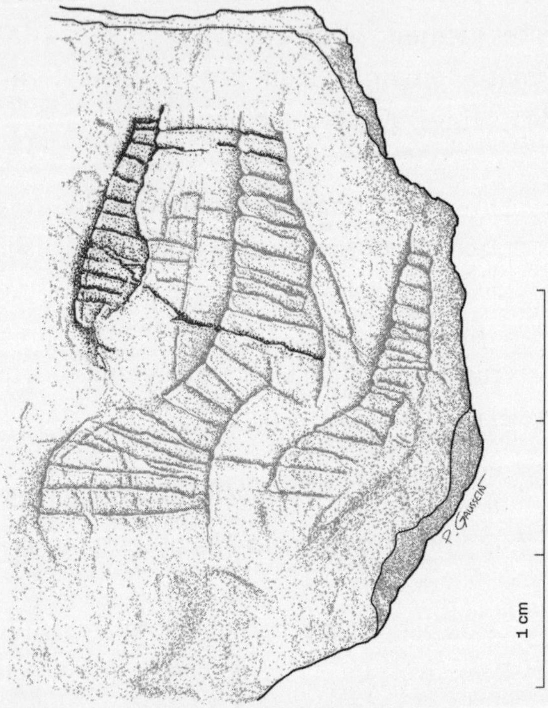

À esquerda, reconstituição de um porta-bebê inspirado em dados etnográficos ameríndios.

À direita, uma das plaquetas de Gönnersdorf (Alemanha) mostra uma mulher (figura central) com um porta-bebê nas costas (canto superior esquerdo).

Esses capuzes para bebês constituem uma invenção muito prática para os caçadores-coletores do Paleolítico. Romain Pigeaud não se surpreende com a existência desse tipo de artefato: "Nas sociedades tradicionais, a mulher não é monopolizada por seus filhos: ela sabe administrar! A imagem da dona de casa presa em sua tarefa como mãe é muito mais recente e parece pouco aplicável à Pré-História".

"A mulher pré-histórica é uma mulher ativa? Certamente! De todo modo, ela não tinha muitas outras escolhas!", acrescenta a etnóloga Michèle Coquet. De fato, para um membro-chave do grupo como Lady Sapiens, não deveria ser desejável ficar longe das atividades do acampamento. A mulher da Pré-História assumia muitos papéis, o que fazia dela uma *working girl* precoce.

Como as avós hadzas observadas por Kristen Hawkes na bacia do lago Eyasi, na Tanzânia, as mulheres pré-históricas teriam sido forças essenciais para o grupo... Mas o que exatamente elas faziam? Quando tentamos descobrir a distribuição das diferentes tarefas diárias dentro dos grupos humanos da Pré-História, rapidamente deparamos com um conceito muito controverso, o da divisão sexual do trabalho...

Em busca das atividades femininas

I

Essa teoria antropológica é tão antiga quanto a própria disciplina. A partir da observação de algumas populações não ocidentais – mas tendo em mente o modelo social europeu do final do século XIX –, os etnólogos e pré-historiadores que os seguiram apresentaram a ideia de que mulheres e homens não praticavam as mesmas atividades. Alguns até argumentam que as capacidades psicomotoras e cerebrais seriam distribuídas naturalmente em função dos sexos, e que ao longo dos séculos as sociedades humanas teriam criado normas para sistematizar o acesso a uma atividade por um ou outro gênero. Essa afirmação perdeu forças durante quatro décadas de pesquisa em sociologia do trabalho. Porém, a Pré-História continua sendo um campo de exploração cheio de coisas desconhecidas quando se trata de determinar quem fazia o quê no acampamento de Lady Sapiens. As mulheres pré-históricas estavam limitadas a certas atividades?

A resposta está longe de ser óbvia. As atividades das mulheres são de fato complexas de encontrar por meio de análises arqueológicas, porque uma ferramenta ou uma ponta de flecha dificilmente revela ao pesquisador o sexo de seu criador e de seu usuário.

O comparatismo etnográfico, portanto, foi frequentemente usado para responder a essa pergunta, mas seguindo um método questionável... Em vez de explorar todas as populações estudadas e de fornecer estatísticas precisas, os primeiros pré-historiadores se deixaram impressionar por um pequeno número de populações cuja aura era dominante. Assim, os Inuit foram particularmente mobilizados para propor hipóteses sobre os estilos de vida dos grupos pré-históricos, devido ao seu grande consumo de carne e à forte divisão sexual do trabalho que caracteriza sua sociedade. Foi precipitado compará-los com nossos ancestrais, considerados grandes comedores de carne que relegavam a mulher à função de dona de casa. Alguns pesquisadores ainda têm forte conexão com essa teoria e insistem no "senso comum" que consiste em não colocar em risco as mulheres durante as caçadas cujo resultado é muitas vezes incerto, até fatal. Todavia, sabe-se hoje que, mesmo entre os Inuit, os papéis dos homens e das mulheres não eram tão marcados: às vezes eles até os invertiam. Quando não havia menino em uma família, uma das meninas assumia o papel de menino e vice-versa.

Marian Vanhaeren, do laboratório PACEA em Bordeaux, aponta, no entanto, que "há uma diferença biológica entre homens e mulheres. E encontramos esses traços biológicos nos papéis sociais atribuídos a cada um". As habilidades físicas diferenciadas de homens e mulheres tornariam suas respectivas ações mais eficazes dependendo das tarefas que lhes eram atribuídas.

Porém, nem todos os pesquisadores aderem a essa ideia de uma divisão sexual do trabalho. É o caso de Marylène Patou-Mathis:

> Prefiro me apoiar em uma divisão de tarefas de acordo com habilidades, competências. E gostos também, por que não?! Assim, imagino uma gestão mais fundamentada da distribuição de tarefas para uma máxima eficiência... mas também para estabelecer uma melhor atmosfera coletiva.

Os métodos de investigação dos objetos arqueológicos estão se tornando cada vez mais precisos, e a ciência está avançando, proporcionando uma melhor visibilidade do gerenciamento das tarefas cotidianas. Isso nos permite refinar nosso olhar para as atividades das mulheres da Pré-História, e visualizar mais de perto como era seu cotidiano. Essa é uma das grandes surpresas da nossa investigação.

O corpo tem uma memória, e o estudo dos esqueletos permite uma reconstrução das atividades físicas dos humanos pré-históricos. Para aqueles que hoje sabem decifrar uma pista simples em um dente ou em um dedo do pé, a vida diária de Lady Sapiens se revela com força e precisão. Uma investigação particularmente minuciosa de alterações dos ossos de esqueletos femininos encontrados em um sítio arqueológico no Oriente Médio tornou possível, inclusive, reconstruir sua postura no trabalho!

Entre as atividades diárias que despertaram o interesse dos pesquisadores, vamos primeiro nos concentrar na mais emblemática da Pré-História: a caça.

Como já dissemos, a mulher foi tradicionalmente excluída da caça nos modelos esboçados pelos primeiros pré-historiadores, que estimavam que essa atividade era muito perigosa e exigia uma força física que julgavam ser incompatível com a feminilidade... excluindo, assim, as mulheres do processo de hominização, do qual a caça aparecia como o pilar fundador.

Entretanto, nossa investigação revela que as mulheres da Pré-História eram dotadas de uma forte musculatura e eram muito mais potentes do que a maioria das mulheres *sapiens* que atualmente habitam nosso planeta. Suas atividades marcaram seus esqueletos tanto quanto os dos homens. Entretanto, Sébastien Villotte indica que, na amostra de indivíduos que estudou, esses marcadores de atividades não eram idênticos. Isso indica que os músculos não eram requeridos da mesma maneira pelos dois sexos: "Constata-se uma assimetria muito maior nos homens, prioritariamente no lado direito. Isso é um bom indicador de uma divisão das atividades por gênero. Deduz-se, então, que atividades unimanuais eram preferencialmente realizadas por homens".

Essas atividades unimanuais, realizadas com apenas um braço – o esquerdo ou o direito –, levaram a patologias específicas. Para o pesquisador, algumas delas são características do ato de lançar. Mas o forte estresse de apenas um braço pode ocorrer durante muitas atividades, como o corte de sílex por percussão, o uso de machados ou enxós e, claro, o manuseio de armas de caça.

Jona Aigouy, campeã francesa de lançamento de dardo em 2020, na categoria sub-21, atesta as semelhanças entre a prática de seu esporte e o manuseio do propulsor, um instrumento revolucionário do Paleolítico Superior: "Pude testar o lançamento do propulsor e há grandes semelhanças com o lançamento do dardo. É por isso que encontramos as mesmas patologias em fósseis pré-históricos e em lançadores de dardo atuais!".

O lançamento de armas é uma atividade que requer grande habilidade, mas também uma resistência muscular e tendinosa posta duramente à prova por técnicas de arremesso... Na pista de treinamento no Centro de Recursos, Expertise e Desempenho Esportivo [Centre de Ressources, d'Expertise et de Performances Sportives – CREPS] de Saint-Raphaël, Jona Aigouy, muito consciente dos riscos físicos da prática de sua arte e dos traumas que lhe feriram a carne, explica o princípio:

> Usamos o reflexo miotático. Ele consiste em estirar o músculo ao máximo para criar uma contração involuntária. Por esse motivo, o lançamento de dardo é uma disciplina muito traumática. Lesões no ombro e cotovelo são frequentes: tendinite, patologias do tipo nervoso.

Mulher jovem lançando uma azagaia com a ajuda de um propulsor.

Felizmente para os arqueólogos, essas patologias que afetam os tecidos moles também alteram os ossos aos quais eles estão ligados. Sébastien Villotte encontra, assim, pequenos arrancamentos ósseos que aparecem em consequência de lesões nas articulações do cotovelo dos nossos ancestrais do Paleolítico... No conjunto que ele estudou, essas pessoas feridas acabam sendo homens em 95% dos casos. Um elemento interessante, mas que não nos permite afirmar que apenas o homem era caçador. É com sabedoria estatística que Sébastien Villotte acrescenta: "Temos poucos esqueletos desse período... E o que era verdade para a Europa Ocidental no final do Paleolítico Superior talvez não fosse a norma em outros lugares!".

A maioria dos arqueólogos e antropólogos agora apoia essa posição, como relata Michèle Coquet: "Em outras partes do mundo, as tarefas são distribuídas de maneira bastante uniforme... A distinção de categoria entre 'homem caçador' e 'mulher coletora' não é tão exata. As mulheres podem muito bem matar grandes animais".

Recentes descobertas sul-americanas – com uma excepcional cobertura da mídia – parecem provar que ela está certa. Estamos no Peru, a uma altitude de 3.925 metros, no distrito de Puno. O sítio arqueológico de Wilamaya Patjxa foi ocupado por humanos cerca de 8 mil anos antes do presente, em um período em que os povos andinos ainda viviam da coleta e da caça. Cinco fossas funerárias foram escavadas e seis indivíduos foram exumados. Dois deles estavam acompanhados de apetrechos de caçador: um homem na casa dos trinta anos e uma jovem mulher com menos de vinte anos! O sexo dos indivíduos foi determinado pela análise da amelogenina, uma proteína do esmalte dentário que permite revelar a presença do cromossomo Y aos olhos do pesquisador atento.

Vinte e quatro artefatos de pedra foram colocados no túmulo da moça. Nessa coleção há tudo o que é necessário para caçar e esquartejar uma presa grande: seis pontas de projétil, quatro raspadores, uma provável faca e vários fragmentos de pedra talhada de uso polivalente. O conjunto foi guardado em uma bolsa que não foi conservada, mas que se sabe que foi decorada, graças à presença de ocre.

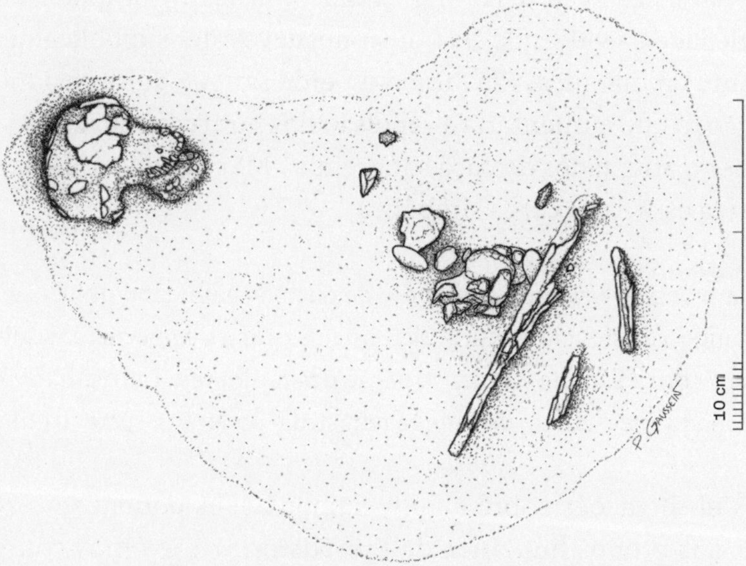

A sepultura da jovem de Wilamaya Patjxa (Peru).

Essa mulher realmente caçava? Para os arqueólogos sul-americanos, que também apontam que o depósito de armas de caça junto às mulheres não é um fenômeno isolado, não há dúvidas quanto a isso! Dez sítios americanos do final do Pleistoceno tardio ou do Holoceno precoce (entre 12 mil e 8 mil anos antes da nossa era) apresentaram onze sepulturas femininas associadas a armas. Ainda que esse número seja relativamente pequeno, ele nos permite argumentar que o modelo de um trabalho mais ou menos indiferenciado pode ter existido entre alguns dos primeiros povos americanos.

Então, a mulher pré-histórica era capaz de caçar. Mas ela tinha esse direito em todos os lugares do mundo? Quando se trata da caça paleolítica, um paradigma bloqueou a reflexão dos pesquisadores por décadas: a teoria da "proibição do sangue".

De fato, dentro de alguns grupos humanos, as mulheres não estão autorizadas a derramar sangue ao caçar. Como a mulher está do lado da vida, que ela transmite, deve estar simbolicamente distante da matança. Ela também perde sangue durante a menstruação, o que aumentaria a repulsão dos humanos em associar a mulher a atividades de caça sangrentas. Marylène Patou-Mathis enfatiza essa forte carga simbólica:

> Alain Testart levantou a hipótese de que havia um tabu universal afirmando a existência de um perigo em misturar o sangue dos animais de caça com o sangue da menstruação das mulheres. Também foi mencionado que o cheiro de sangue menstrual poderia assustar o animal!

Essas observações sobre algumas populações podem ser estendidas aos grupos humanos da Pré-História? Devemos considerar que as mulheres foram amplamente excluídas das caçadas? Sébastien Villotte crê que essa hipótese é plausível até certo ponto, uma vez que "o uso de armas de caça perfurantes é a atividade mais dividida entre gêneros nos grupos humanos observados na etnografia. [...] Essa atividade é mais frequentemente praticada por homens".

Claro, "quando se trata de proibições e tabus, o que é válido em um lugar não é necessariamente válido em todos os lugares e o tempo todo", lembra Sophie A. de Beaune. "Em relação à proibição de fazer os animais sangrarem, podemos citar o contraexemplo das mulheres aetas das Filipinas, que caçam... com arcos e facões!" A mera constatação estatística não pode, portanto, validar a hipótese de uma proibição universal.

É possível que um tabu tenha proibido as mulheres de caçar em alguns grupos pré-históricos, mas seu caráter absoluto é implausível em vista das descobertas arqueológicas e das observações etnológicas. Mesmo que a mulher não tivesse permissão para matar os animais derramando seu sangue, há muito pouca chance de ela ter sido excluída da aquisição de proteína animal.

Michèle Julien e sua colega Claudine Karlin trabalharam por anos em um sítio excepcionalmente preservado, na margem esquerda do Sena, um depósito cujas escavações foram iniciadas por André Leroi-Gourhan. Michèle Julien descreve:

> O sítio de Pincevent fica a poucos quilômetros a jusante da atual cidade de Montereau. Trata-se de um sítio que foi ocupado durante muitas gerações por grupos de caçadores magdalenianos, há cerca de 13 mil anos. Ele foi perfeitamente preservado graças às chegadas regulares de sedimentos trazidos pelas cheias do Sena. [...] Os caçadores voltaram a este sítio durante muitas gerações porque ele estava localizado ao lado do rio, em um lugar muito especial. Aqui havia um vau que permitia aos animais atravessar o rio de uma margem para a outra... Os rebanhos de renas passavam por ali durante sua migração.

Claudine Karlin explica como essa passagem natural favorável à circulação das renas se transformou em uma armadilha mortal para esses graciosos cervídeos:

> As renas são mais fáceis de caçar quando estão na água. É fato que elas nadam muito bem, mas são muito mais fracas e menos velozes na água do que na terra! A rena é um animal gregário que atravessa lagos e rios em grupos... Além disso, nesse local há um estreitamento do vale: as renas passam em grande número por um pequeno espaço... Portanto, é um lugar favorável para caçá-las!

Toda a atividade do acampamento parece concentrada no mesmo objetivo: caçar um máximo de animais em um mínimo de tempo. Michèle Julien continua a descrição desse acampamento, que foi objeto de uma extensa escavação:

> Encontramos um acampamento inteiro que se estendia por 5 mil metros quadrados. Ele incluía quatro unidades de habitações, provavelmente tendas. Essas tendas estavam cercadas por ateliês periféricos. Podemos demonstrar que havia relação entre as moradias e as periferias, ou seja, as pessoas trabalhavam não apenas nas moradias, mas também nos ateliês externos. [...] Um número muito grande de ossos de renas foi encontrado nessas habitações... O correspondente a cerca de 76 renas, cujas carcaças foram trazidas no início do outono. [...] Quantas pessoas viveram nesse local para realizar tal desempenho? E quanto tempo ficaram ali? Esse grupo era composto por cerca de trinta pessoas. Elas tiveram que permanecer no local após as três ou quatro semanas de caça para tratar todos os animais, porque era preciso cuidar das carcaças!

Uma questão permanece sem solução: qual era a contribuição das mulheres nessas grandes caçadas? De acordo com Claudine Karlin, "pode-se pensar que os homens atiravam no animal e que as mulheres e as crianças atraíam o rebanho para os lugares onde estavam os caçadores".

A carne, mas também os produtos secundários, tinha que ser processada rapidamente no local. Todos os membros do grupo tinham muito o que fazer, como Michèle Julien nos explica:

> Matar todas essas renas está ótimo, mas em seguida é preciso cortá-las, e, eventualmente, tratar a carne e secá-la para ter reservas para o inverno. Além disso, esses animais tinham peles que precisavam ser curtidas. As renas macho são dotadas de chifres, uma matéria-prima extremamente valiosa, especialmente para produzir pontas

> de azagaias e outras ferramentas... Todas essas atividades eram realizadas imediatamente após o abate no acampamento.

Claudine Karlin complementa:

> Setenta e seis renas abatidas em poucas semanas representam mais de três toneladas de carne... Essa carne é cortada em quartos, presumivelmente nas margens do rio, e trazida de volta para dentro do acampamento... e ali a carne deve ser tratada, as galhadas, exploradas, as peles, preparadas, e isso faz com que todo o grupo tenha muito o que fazer durante algumas semanas. Para nós, o lugar das mulheres nesse sítio de abate é essencial!

O tratamento das peles, em particular, "requer dias e dias de trabalho, porque é necessário limpá-las, secá-las, lavá-las novamente: é um processo extremamente longo. E isso requer grande habilidade", insiste Michèle Julien.

As duas pesquisadoras imaginam facilmente que as mulheres estariam ligadas a estes ateliês, enquanto caberia aos homens a matança das renas. Para os pesquisadores ocidentais, é muito raro que as mulheres estejam associadas à caça, porque por trás dessa palavra ainda há todo um cenário ligado à nossa imaginação medieval. A caça é percebida como uma atividade esportiva e perigosa – corpo a corpo furioso, abate perigoso de gigantes com dentes ou garras afiadas –, ou como um treinamento para a guerra. É claro que é difícil imaginar mulheres grávidas ou lactantes envolvidas nesse tipo de atividade com risco de vida: isso dificilmente seria razoável para a sobrevivência do grupo.

Mas não podemos esquecer que, para obter carne, existem várias estratégias: a espreita, a perseguição ou a aproximação até o encontro decisivo, frente a frente com o animal caçado. A caça com armadilhas e a caça coletiva também podem ser praticadas por aqueles cuja vida não se deseja pôr em perigo. "A lebre pode ser pega pelo pescoço, os filhotes, à mão...", lembra Claudine Karlin.

Nesses diferentes cenários, parece que as mulheres – e também as crianças – podiam participar do esforço coletivo para capturar o animal (desde que o grupo fosse capaz de organizar abates ou construir armadilhas). A dicotomia entre um "homem caçador" e uma "mulher coletora", como foi apresentada até a década de 1970, parece, portanto, caricatural. Não há razão para que os grupos pré-históricos se privassem da ajuda inestimável de metade da população adulta durante as caçadas. Mesmo que nem sempre matem o animal, as mulheres podem entrar em jogo na aquisição de proteína animal por outros meios. Elas podem construir armadilhas, transportar carcaças, esquartejar a caça... "O imaginário do século XIX erigiu a caça ao mamute como um emblema da caça pré-histórica, mas isso é um equívoco!", se indigna Michèle Coquet. "O essencial da alimentação vem das atividades femininas: caça de pequeno porte, coletas, colheitas."

De acordo com Sophie A. de Beaune, a caça de pequeno porte parece particularmente importante graças à garantia do rendimento. Ela é "mais confiável do que a dos animais de grande porte, cujo sucesso é mais aleatório".

A pré-historiadora também aponta que a pesca, a coleta de crustáceos ou a caça de animais marinhos de pequeno porte fornecem uma importante fonte calórica que muitas vezes é negligenciada:

> Quando falamos de alimentação pré-histórica, nossa imaginação está muito voltada para os animais terrestres... Mas as águas também eram exploradas! Mesmo que a arqueologia há muito negligencie o fenômeno, a pesca era muito praticada, tanto no mar como nos rios.

Os produtos marinhos, lacustres ou fluviais foram subestimados pelos primeiros pré-historiadores, em grande parte por causa de seus métodos de escavação, que ainda não eram muito refinados. As vértebras dos peixes passaram despercebidas durante as primeiras explorações de sítios pré-históricos. Em seguida, a melhoria das técnicas de escavação possibilitou destacar a importância de muitas espécies de peixes no dia a dia de nossos ancestrais: a presença de suas vértebras deixa poucas dúvidas de que eles foram consumidos. Algumas representações artísticas desses animais também mostram que eles foram observados com muita atenção... É o caso do salmão magdaleniano da caverna de Gourdan (França), que parece repleta das ferramentas que foram usadas para capturá-lo!

Os pesquisadores hoje afirmam que nossos ancestrais já comiam frutos do mar há 300 mil anos. O consumo de crustáceos e outros produtos de origem aquática tem contribuído para o sucesso das estratégias de subsistência flexíveis e oportunistas adotadas pelos caçadores-coletores que se instalaram nas regiões costeiras. Especialmente porque esses alimentos são extremamente benéficos para o organismo: são ricos em proteínas, vitamina D, ácidos graxos, e também em iodo, essencial para a boa saúde do *Homo sapiens* e muito difícil de encontrar em uma dieta terrestre!

No cardápio de nossos ancestrais, havia tanto peixes do mar como dos rios, lagos e riachos, e também muitos moluscos e crustáceos. No cenário de frutos do mar da caverna grega de Franchthi há lapas, mexilhões, vôngole e dois tipos diferentes de ostras, as redondas e as ovais. Do caramujo à baleia – que foi consumida pelos ocupantes da caverna espanhola de Nerja há 14 mil anos –, os povos pré-históricos não parecem ter abandonado nenhum dos animais marinhos acessíveis sem navegação em alto-mar. Quando não podiam pescar certas espécies de alto-mar, como a baleia, eles as pegavam nas praias, onde elas às vezes encalhavam. Não há dúvida de que as mulheres contribuíram muito para essas atividades e, em particular, para a coleta de bivalves, o que era compatível com o cuidado das crianças, que deviam gostar de participar dessa atividade!

Além de sua contribuição para a caça, que agora é difícil de contestar, a mulher parece também ter reinado no mundo vegetal e se envolvido na colheita. Quando analisamos os dados estatísticos, essa atividade também parece ser tão gratificante quanto valorizada!

Para garantir a subsistência do grupo regularmente, a colheita é indispensável. "Sabemos, graças à observação das atuais populações de caçadores-coletores, que esses grupos dependiam amplamente da pequena caça e da alimentação vegetal! Ora, essas provisões eram coletadas pelas mulheres", nos explica James Adovasio, arqueólogo da Universidade Estadual da Pensilvânia (EUA) e especialista em objetos perecíveis.

Michèle Coquet confirma essa observação, que é demonstrada pela densidade de calorias fornecidas pela colheita entre os San do Kalahari: "A contribuição das mulheres para a subsistência do grupo é considerável. Entre os San, foi demonstrado que 75% dos alimentos são obtidos pelas mulheres; a caça de grande porte era excepcional".

Dani Nadel, professor de arqueologia da Universidade de Haifa, em Israel, também aponta o papel crucial que a mulher desempenhou na sobrevivência do grupo em todo o mundo:

> Desde a década de 1960, graças aos estudos etnográficos e etnoarqueológicos, sabemos que a contribuição das mulheres para a economia dos grupos e das famílias era muito mais importante do que se estimava antes! Porque as mulheres colhiam alimentos de origem vegetal: grãos de cereais, leguminosas, bolotas e frutas de acordo com seu ambiente; sua contribuição para a ingestão calórica e proteica às vezes constituía entre 50 e 70% do que o grupo consumia em média na época...

No Oriente Médio, a mulher também foi a grande especialista em cereais silvestres. Estes eram colhidos para obter farinha por moedura de grãos muito antes da invenção da agricultura há 10 mil anos, e arqueólogos engenhosos conseguiram determinar com precisão que esse trabalho era realizado por mulheres!

As primeiras moleiras da humanidade

"Bem-vindo a Ohalo! Aqui os humanos colheram muitos cereais selvagens: cevada, trigo, aveia..." Essa descoberta foi feita em Israel, em um sítio arqueológico excepcional, de 19 mil anos, às margens do lago Tiberíades. As escavações, lideradas por Dani Nadel, permitiram a descoberta de seis cabanas separadas por espaços de circulação. "Trata-se de um local extremamente bem preservado porque ficou debaixo d'água durante muito tempo", comemorou o arqueólogo. "Isso permitiu descobertas incríveis! Normalmente, as sementes não são encontradas nos sítios dessa época, mas aqui temos centenas de milhares delas."

A disciplina que apoia o estudo das sementes antigas é chamada de carpologia. Trata-se de um dos ramos da arqueologia que permite reconstruir o ambiente vegetal passado a partir da identificação de macrorrestos vegetais, como fragmentos de cascas, grãos ou sementes... mas tudo isso à custa de grande rigor na aquisição de pistas! Todo o sedimento arqueológico deve ser peneirado com água, e então os grãos e as partículas vegetais são coletados pelo processo de flotação, que consiste em depositar o sedimento na água e coletar os elementos sobrenadantes. "Tudo o que se pode escavar foi peneirado na água em peneiras com malha de um milímetro!"

Graças a esse método, os arqueólogos perceberam que era impressionante a quantidade, e também a diversidade, de espécies coletadas no local por nossos ancestrais:

> Mais de 100 mil sementes carbonizadas, representando mais de cem espécies diferentes, foram recuperadas. Foram encontradas árvores como a tamargueira, o carvalho, o terebinto e dezenas de espécies de cereais e leguminosas comestíveis. Elas eram, sem dúvida, usadas na alimentação.

As diferentes ocupações do sítio de Ohalo II não são acampamentos sazonais, como geralmente observamos durante a Pré-História... Lá foram encontrados os primeiros sinais de um estilo de vida sedentário que se tornará a norma no Oriente Médio alguns milênios depois:

> Os vestígios vegetais de Ohalo refletem todas as estações do ano. Também vemos isso nas espécies de aves: existem aves migratórias, aves de inverno... Sabemos que os humanos viviam nesse acampamento por mais de uma única temporada, talvez até se estabelecessem lá por seis meses, um ano, até dois anos... É um acampamento que nos oferece perspectivas diferentes do que estamos acostumados a ver para esse período. Se permanecer um ou dois anos no mesmo local pode ser considerado um estilo de vida sedentário, então é esse o caso aqui!

No entanto, os ocupantes optaram por não construir nada duradouro. As habitações eram cabanas modestas feitas de materiais perecíveis, cercadas por caminhos onde algumas fogueiras haviam sido acesas. Habitats muito pequenos onde as mulheres, especialistas no mundo vegetal, podem ter desempenhado o papel de "decoradoras de interiores":

> Em Ohalo, no chão da cabana, nossos ancestrais colocavam um capacho muito simples, feito de plantas de cereais. Há também evidências de que algumas plantas foram trazidas para o sítio no momento de sua floração... Será que isso foi voluntário? Foi para decorar alguma coisa?

A otimização desses espaços exíguos era a regra:

> No sítio de Ohalo, as cabanas não eram muito espaçosas, mas eram bem organizadas. Em parte do solo, vemos fragmentos de pedra: imaginamos que um ou dois homens se sentaram ali para talhar o sílex. E em outra parte há traços incontestáveis de preparação de alimentos...

A análise da distribuição dos vestígios no espaço trouxe à tona instrumentos muito específicos:

> Uma pedra, que a princípio parecia comum, natural, foi encontrada no chão. Não nos chamou a atenção, mas, quando começamos a examiná-la, descobrimos que havia sido modelada, depois fixada no chão com areia e pedrinhas para que não se movesse mais. Um padrão atípico na disposição de grãos de cereais em torno da pedra também foi descoberto: os grãos distribuíam-se em torno dela em três direções, como se alguém tivesse se agachado na frente da pedra na quarta direção e trabalhado os grãos na rocha...

Surge então a hipótese de uma mó! Mas, para verificar que se trata realmente de um instrumento de moagem, a equipe de pesquisadores analisou a pedra no microscópio: "Marcas de desgaste e traços microscópicos de amido e de cereais foram identificados. Então eles provavelmente usavam essa pedra para esmagar grãos, fabricar farinha e preparar massas. Esse é certamente um dos exemplos mais antigos de tal atividade".

Apesar de o pão ter se tornado a base da dieta das populações humanas desde a era Neolítica, é excepcional encontrar vestígios tão antigos dele. Outra descoberta notável foi feita em Shubayqa, na Jordânia: um pão "que remonta a cerca de 14 mil anos atrás [...] preparado a partir de cereais".

Todos esses indícios inesperados não nos dizem quem teria moído esse grão e assado esse pão... Contudo, o professor Nadel apresenta uma hipótese:

> Se acreditarmos nos estudos etnográficos, são as mulheres que muitas vezes conhecem melhor a vegetação... São elas que geralmente colhem os grãos, as nozes, as frutas, todos os alimentos naturais que a família consome em seguida. Seria esse o caso? Não temos certeza... mas eu acho que sim.

Para o arqueólogo, há uma clara divisão de tarefas em Ohalo. Ele naturalmente imagina as mulheres ligadas ao mundo vegetal e, por extensão, à moagem, e os homens dedicados ao talhe das pedras. Mas imaginar não é suficiente. Para os especialistas, evidências sólidas devem ser coletadas. E um segundo sítio permite responder com mais precisão às perguntas ainda pendentes...

Nos dirigimos à Síria e ao sítio de Abu Hureyra. Como em Ohalo, os povos pré-históricos coletaram cereais selvagens em abundância. Esse antigo acampamento de 9.500 anos forneceu habitats e vestígios particularmente valiosos de uma necrópole. A boa preservação dos ossos possibilitou não apenas encontrar as mulheres do grupo, mas também determinar seus hábitos de trabalho... Sophie A. de Beaune decifra as pistas encontradas:

> Na necrópole, foram encontrados danos nas articulações dos tornozelos, joelhos, parte inferior das costas e na base dos dedos dos pés de um esqueleto feminino. Essas lesões correspondem a posições

ajoelhadas, dinâmicas e prolongadas… Hoje, são conhecidas entre os instaladores de carpetes!

A posição de joelhos para praticar a moagem de cereais em uma mó fixada no chão é bem conhecida por testemunhos etnográficos e históricos. Essas mós fixas seriam bastante semelhantes à famosa mó de Ohalo, encontrada ainda no lugar em uma cabana! Para Sophie A. de Beaune, a demonstração se torna muito convincente:

> Supunha-se que essas mulheres tinham que moer o grão em mós no chão, em posição ajoelhada, e realizando um movimento de vaivém. Ora, acontece que várias mós longas de vaivém foram justamente encontradas no sítio de Abu Hureyra. Portanto, temos aqui uma prova biológica de que eram as mulheres que praticavam a moagem dos grãos!

O esqueleto de uma jovem de Abu Hureyra (Síria) tinha lesões articulares características da atividade de moagem.

Se a atividade dessas mulheres consistia no manuseio intensivo dos cereais silvestres, é seguro apostar que elas conhecessem perfeitamente o ciclo reprodutivo e as maneiras de proteger as sementes... Muitos arqueólogos acreditam que essas plantas desempenharam um papel importante no início da agricultura. Na realidade, o cultivo de cereais foi inventado nas regiões do Levante, onde os cereais silvestres, já amplamente consumidos, cresciam... Podemos então argumentar que as mulheres teriam sido as instigadoras da revolução agrícola? Sobre esse assunto, Sophie A. de Beaune nos convida à cautela:

> Seria exagero dizer que as mulheres "inventaram" a agricultura, porque esse processo foi muito longo. Por outro lado, elas estavam perfeitamente familiarizadas com as plantas selvagens e com a forma de usá-las. Portanto, é provável que tenham contribuído fortemente para o surgimento da agricultura.

Reconstituição de um foicinho do período de transição entre o Paleolítico e o Neolítico.

O professor Dani Nadel insiste no fato de que essa questão tem sido uma grande preocupação dos arqueólogos:

> Vários pesquisadores argumentam que foram as mulheres que tiveram a ideia genial de jogar ou semear os grãos, a fim de obter comida disponível muito perto da habitação. Acho que Darwin foi um dos primeiros a escrever sobre essa hipótese, cerca de 150 anos atrás... É a prova de que é uma possibilidade que está na mente das pessoas! Mas, claro, é impossível dizer quem teve a ideia, se o homem ou a mulher... É difícil confirmar o que aconteceu 20 mil, 12 mil ou 10 mil anos atrás... Mas talvez tenhamos tirado das mulheres um papel muito importante na evolução humana e em sua contribuição para a economia!

Do campo à mó e da mó aos fornos, são apenas alguns passos... que os pesquisadores não hesitaram em percorrer. Com ou sem razão?

A cozinheira alimenta... nossa evolução

Associar a mulher da Pré-História à preparação da alimentação cotidiana parece evidente para muitos etnólogos, uma vez que essa tarefa doméstica é muitas vezes – mesmo que não exclusivamente – realizada por mulheres em sociedades não industriais. Mas cuidado com analogias muito generalizantes que poderiam alimentar clichês. Um modelo etnográfico, mesmo que dominante, não deve sugerir que os homens eram sistematicamente afastados do fogo da cozinha, especialmente porque os atuais caçadores-coletores não devem de forma alguma ser considerados descendentes diretos dos pré-históricos, como se pensava no século XIX. No entanto, é muito útil se apoiar nesses modelos de povos que vivem em simbiose com a natureza e lembrar aos ocidentais que cozinhar, mesmo quando essa atividade é praticada apenas dentro da esfera doméstica, não tem nada de depreciativo. Nunca se deve esquecer que as tarefas que nos parecem simples e comuns hoje eram fundamentais para nossos ancestrais. Não era nem mais nem menos do que uma questão de sobrevivência. Nesse sentido, preparar as refeições para o grupo era de extrema importância e tão nobre quanto caçar um animal. Portanto, convém recusar a imagem reducionista da "dona de casa" veiculada pelos publicitários da década de 1960; parece-nos importante enfatizar que o papel da cozinheira pré-histórica foi tão essencial que ela fez de nós, *sapiens*, o que somos hoje!

De fato, a alimentação desempenhou um papel decisivo na evolução cognitiva dos primeiros humanos e de seus ascendentes. Foi o consumo de carne e, muito mais tarde, seu cozimento que permitiu aos ancestrais dos humanos modernos aumentar o volume do cérebro. A relação de causa e efeito pode parecer surpreendente, mas não há nada mais lógico: o cérebro do homem moderno consome mais de 20% da energia gasta pelo organismo. No entanto, a ingestão de uma dieta rica em calorias e em nutrientes possibilitou satisfazer o gasto energético do cérebro. Cérebros maiores geraram um comportamento social mais complexo, o que levou a novas táticas de busca por alimentos e à melhora da alimentação, que, por sua vez, favoreceu a evolução cerebral, no que chamamos de processo de coevolução. Mais tarde, a transição para o cozimento no fogo melhorou a absorção dos alimentos e nutrientes, aliviando o sistema digestivo, tornando-o menos intensivo em termos de energia. Se são de fato as mulheres que alimentaram o grupo desde as origens, então devemos a elas os avanços cognitivos que revolucionaram a trajetória da linhagem humana.

Esse cérebro, após milhares de anos de evolução, foi capaz de produzir discursos sociais e imagens simbólicas. E foi em torno da refeição preparada pelas cozinheiras que essas palavras se espalharam. Ao redor do fogo e dos pratos, os laços do clã se estreitaram, as alianças foram forjadas e os mitos dos antigos foram transmitidos. A refeição é muitas vezes um momento de trocas familiares, intelectuais e emocionais. Ela constitui o cimento de um grupo humano tradicional, como o pesquisador canadense Brian Hayden aponta em seu recente livro sobre banquetes pré-históricos, *Feasting in Southeast Asia* [Banquete no Sudeste Asiático] (University of Hawaii Press, 2016). A mulher, ao colocar literalmente a mão na massa, era, portanto, a artesã da comunicação entre os membros do grupo, essencial para o florescimento das civilizações pré-históricas.

Uma questão permanece: Lady Sapiens era capaz de afiar suas facas para a preparação das refeições? Por muito tempo, ignorou-se essa pergunta, cuja resposta os arqueólogos acreditavam ter. Mas hoje ela é plenamente explorada.

A talhadora de pedra

Assim como a suposição de que as mulheres estavam proibidas de derramar sangue refreou a ideia de que elas podiam caçar, de acordo com fortes preconceitos antigos, foi decretado que elas não podiam talhar pedras. É verdade que, em certas populações tradicionais, o uso de armas perfurantes e, por extensão, a fabricação de armas cortantes eram proibidos para as mulheres. É assim que nossos livros didáticos e nossas instalações de museus viram florescer ilustrações e reconstruções mostrando apenas homens ocupados com o talhe do sílex. Mas o que realmente sabemos a respeito disso?

Não existe um método científico que permita distinguir uma ferramenta talhada por uma mulher de uma talhada por um homem. As ferramentas líticas não têm gênero. No Paleolítico, não há nenhum motivo para a mulher ter sido excluída do trabalho da pedra, pelo menos devido à força muscular insuficiente. Talhar o sílex ou a obsidiana requer, sobretudo, um aprendizado longo e rigoroso, destreza e inteligência, qualidades compartilhadas por homens e mulheres.

No entanto, estatísticas extraídas de estudos etnológicos mostram que as mulheres são muito menos frequentemente associadas a atividades de talho do que os homens. Em um estudo comparativo de várias populações atuais, o talho da pedra foi identificado como uma atividade masculina em 67 sociedades, e como uma atividade feminina em apenas seis populações, incluindo "os konsos do sul da Etiópia, os arawes da Nova Guiné e os tiwis e jerramungups do norte e oeste da Austrália", observa Marylène Patou-Mathis.

Como era na Europa há 30 mil anos? Lady Sapiens esculpia o sílex para fazer ferramentas? Para responder a essa pergunta, Claudine Karlin conduziu um estudo comparativo:

> Fomos viver entre os povos da Sibéria. Observamos diversas populações durante as diferentes estações. O clima não era o mesmo, a altitude não era a mesma, e nem as populações... Assim, conseguimos visualizar atitudes variadas e diferenciar o que poderia estar relacionado às restrições ambientais e o que poderia estar relacionado às escolhas... e, desse modo, se encaixar na cultura!

Com base em suas observações junto dos dolgans, Claudine Karlin imagina que no inverno os homens partiam à caça, deixando as mulheres sozinhas no acampamento por vários dias. Portanto, é impossível que elas dependessem dos homens para talhar as ferramentas cotidianas.

Michèle Julien acredita que o que ela conseguiu observar no sítio de Pincevent é compatível com a hipótese da colega:

> Ao redor da fogueira, havia muitos objetos: ferramentas de sílex, pedras, certa quantidade de restos de cozinha... Toda a vida era organizada em torno desse fogo. Mas pareceu-nos que havia dois espaços em ambos os lados da habitação... Um lado era reservado para os talhadores especializados, e o outro, para um talhador de menor destreza, mas que também trabalhava com ossos e peles. Imaginamos, então, que o primeiro espaço era reservado aos homens e o outro, às mulheres.

No espaço considerado feminino havia raspadores, seixos que serviam de polidores, brunidores e uma pequena oficina de fabricação de agulhas: "Nesse espaço 'feminino', pode-se ver que o talhador não tinha uma habilidade excepcional para o talhe do sílex. As ferramentas não eram 'excepcionais'... mas eram eficazes para realizar muitas tarefas diárias".

Outro indício reforça a hipótese de um espaço dedicado a uma mulher com múltiplos talentos em Pincevent...

> Bem ao lado do canto "feminino", encontramos uma pequena pilha de aparelhamento que é composta de "cacos" – entenda-se por isso pequenos pedaços de pedra talhados de forma anárquica. Esses cacos vinham de um seixo que alguém estilhaçou voluntariamente: é bastante típico do jogo de uma criança imitando os adultos. Tem-se a impressão de que ao lado dessa mulher que talhava o sílex havia uma criança pequena que também recolheu o sílex, e que bateu nele de qualquer maneira para imitar sua mãe! Ela pôde trabalhar nesse espaço enquanto cuidava do filho...

O trabalho da pedra, portanto, aparece para alguns como preferencialmente masculino no Paleolítico, enquanto as mulheres se envolviam nele para satisfazer necessidades técnicas imediatas. De todo modo, todos os pesquisadores concordam em um ponto: parece inconcebível que as mulheres não soubessem talhar a pedra, mesmo que apenas para manter certa independência de ação em suas atividades cotidianas. Como a ferramenta de pedra era onipresente, manter a mulher longe de sua concepção seria proibi-la de cozinhar, tratar peles, moldar objetos feitos de osso ou madeira. Portanto, é óbvio que Lady Sapiens também teve que praticar o talhe da pedra para realizar suas tarefas diárias. Será ela a autora das belas folhas de louro do Solutreano, essas pontas de excepcional delicadeza? Isso é menos provável se considerarmos todas as outras tarefas que lhe incumbiam, mas não é mais inconcebível como era até recentemente.

Saberes artesanais essenciais

Na era da produção em massa e da economia de mercado, temos dificuldade para conceber como certos artesanatos são essenciais para a sobrevivência de um grupo inteiro. Esquecemos que um sapato hermético pode salvar nossos dedos durante uma caminhada na neve, ou que uma cesta resistente e finamente trançada poderia fazer uma colheita eficaz. As atividades de produção artesanal, muitas vezes gerenciadas por mulheres nas sociedades tradicionais, são valiosas aliadas da vida cotidiana.

Lembremos que, se acreditamos nos estudos etnográficos, as mulheres parecem reinar sobre o mundo vegetal. Ora, os vegetais permitem desenvolver um número considerável de artesanato. Eles têm qualidades tão variadas quanto as matérias-primas de origem animal. Flexíveis, resistentes, elásticos: a madeira, o junco ou simplesmente as folhas podem ser usados tanto para confeccionar roupas quanto cabanas, tanto recipientes para cozinhar alimentos quanto cestas para transportar mercadorias ou bebês. Alguns outros primatas do reino animal também não se enganaram, já que os chimpanzés usam gravetos com a extremidade modificada para desalojar os cupins do fundo de suas galerias.

Então James Adovasio decidiu analisar esses vestígios pouco conhecidos:

> Ao contrário da pedra ou da cerâmica, que não se degradam, os materiais orgânicos são raramente encontrados pelos arqueólogos, pois são vítimas da deterioração bacteriana. Exceto em condições muito específicas, em solos muito úmidos, por exemplo... mas geralmente eles se degradam muito rápido!

Para esse arqueólogo, "a tecnologia dos materiais vegetais pode ter sido implementada de forma esporádica antes de nós... mas sua explosão se deve à nossa espécie, *Homo sapiens*, e mais particularmente às mulheres".

É verdade que todos esses materiais constituem parte muito importante da tecnologia entre as populações tradicionais. O professor Adovasio teve muitas oportunidades de constatar isso: "Para a maioria dos atuais caçadores-coletores, a tecnologia em materiais perecíveis constitui mais de 90% dos objetos utilizados! Eles são feitos de tecido, couro, vime, madeira, fibras vegetais trançadas".

Vale lembrar que essas tarefas não são simples de executar: elas exigem um conhecimento aprofundado do material e uma organização do trabalho com base em uma cadeia de fabricação complexa. Um aspecto em que James Adovasio insiste: "Sabemos que objetos feitos de materiais perecíveis requerem uma produção em várias etapas... Não há razão para valorizar mais uma lâmina de sílex do que cestas de vime... mas, como seus vestígios são menos visíveis, muitas vezes eles são esquecidos!".

Nosso olhar sobre os objetos cotidianos da Pré-História é, portanto, tendencioso em razão da má conservação dos materiais orgânicos. Ao afastá-los do nosso olhar, o tempo também os removeu de nosso pensamento. James Adovasio lamenta esse fato e dedicou sua carreira a mudar os olhares:

> As pessoas têm a impressão de que eram os homens de meia-idade que conduziam a vida do acampamento, matando os animais de grande porte com ferramentas de sílex. Essa é a nossa visão do mundo pré-histórico desde o século XIX... mas não é o caso! Estamos presos a essa crença até hoje porque as produções das mulheres são invisíveis no campo arqueológico. [...] Através da comparação etnográfica, sabemos que a produção de cestarias, de objetos vegetais, e também de grande parte da produção de objetos de madeira são fruto do trabalho de mulheres em todas as sociedades pré-industriais. Claro, isso não significa que os homens não possam realizar esse tipo de tarefa...

Esse pesquisador não pretende desmerecer o trabalho masculino... Os homens parecem ter sido a maioria em certos setores de atividades durante muito tempo:

> Durante a Segunda Guerra Mundial, temos fotografias mostrando soldados japoneses fabricando suas próprias sandálias... Além disso, a criação de sapatos sempre foi uma atividade majoritariamente masculina,[12] sem que se saiba o porquê! Mas, para o restante das

12 Contudo, entre os Inuit, por exemplo, são as mulheres que fabricam as botas. A propósito, é um critério muito importante para o homem na escolha de sua companheira. Uma mulher que fabrica botas confortáveis e impermeáveis é um grande trunfo para a caça de focas na banquisa.

fabricações com base em materiais perecíveis, as mulheres são as artesãs preferenciais.

Isso oferece múltiplas perspectivas... Lembre-se, por exemplo, das impressões de fibras vegetais encontradas em pedaços de terracota em Dolní Věstonice. Esses excepcionais vestígios foram examinados por James Adovasio. Ele explica o processo extraordinário que tornou sua conservação possível:

> Esses restos chegaram até nós porque foram prensados, impressos na argila... Esta, em seguida, foi cozida perto do fogo. A impressão desse artesanato foi preservada graças a essa exposição ao calor; caso contrário, nós a teríamos perdido! [...] Na Europa Central, encontram-se apenas as impressões das tecelagens. Essa é uma daquelas circunstâncias em que o arqueólogo tem muita sorte! Você não encontrou o objeto diretamente... mas tem uma impressão negativa desse objeto em outro objeto que, este sim, foi preservado.

Mas então, o que eram esses objetos misteriosos cujas impressões foram preservadas na argila? Não demorou muito para o professor Adovasio perceber que se tratavam de "restos de um vegetal trançado de maneira muito semelhante à sua camisa ou à minha".

Quanto a saber como e por que essa tecelagem foi montada, não podemos ter certeza de nada, pois as impressões eram muito pequenas... Talvez sejam fragmentos de roupas ou bolsas muito úteis para os pré-históricos irem para a colheita.

Na impossibilidade de conhecer a natureza do objeto final criado com esse elemento trançado, "podemos detectar as prováveis técnicas que foram usadas para criar esses objetos", se conforma James Adovasio. "Os fios são enrolados em si mesmos à maneira de uma corda, e depois são trançados em uma trama vertical, provavelmente disposta em uma moldura."

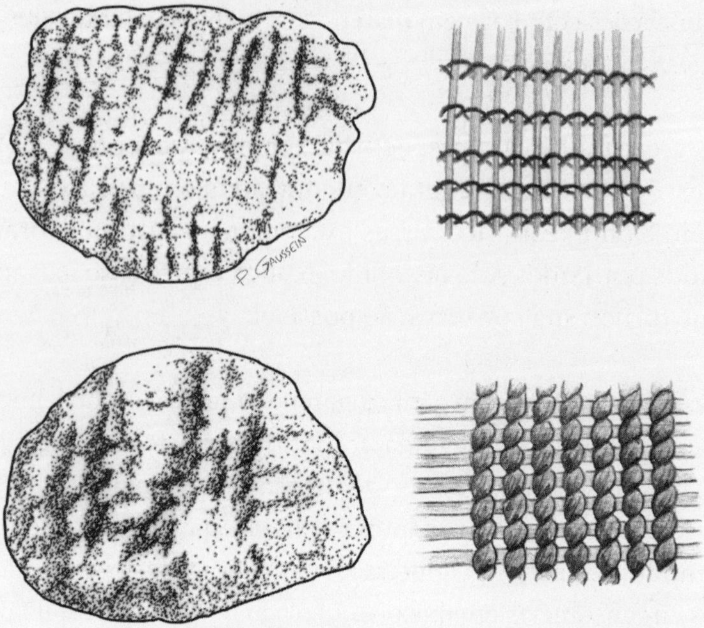

As impressões de Dolní Věstonice e sua reconstituição possível.

Antes de entrelaçar as fibras, é necessário preparar as matérias-primas... Para isso, as mulheres souberam fazer uso de suas mãos ágeis, mas também de seus dentes!

A tecelagem não é a única atividade que desapareceu dos sítios de escavação. Sophie A. de Beaune relata que

> nos níveis neolíticos do sítio sírio de Abu Hureyra, foi encontrada uma mandíbula feminina com ranhuras nos dentes. Acredita-se que essa mulher teve que usar os dentes para preparar as fibras vegetais: para desenrolar os juncos de sua casca para o trabalho de cestaria.

A tecelagem e a cestaria na moda pré-histórica já eram atividades que exigiam perseverança e destreza, mas o esforço valia a pena, porque os objetos confeccionados eram de vital utilidade, como aponta James Adovasio:

> Os objetos feitos de fibras vegetais eram essenciais para a sobrevivência desses grupos. Eles entram em jogo em todas as atividades sociais pré-históricas e têm uma importância considerável! As fibras trançadas podem ser usadas para transportar provisões vegetais, para criar utensílios de cozinha e de cozimento, para fazer esteiras, armadilhas para capturar animais, para confeccionar cobertores ou roupas para o período estival, quando fazia calor... O público em geral tem a impressão de que o frio sempre reinou durante a Pré-História, mas na realidade não era o caso! Portanto, havia períodos do ano em que eram necessárias roupas mais leves, que não podiam ser feitas de pele. A imagem de homens e mulheres sempre vestidos de pele é um estereótipo que nos acompanha há muito tempo!

No decorrer de nossa investigação, percebemos como as vestimentas pré-históricas eram refinadas e socialmente significativas. Se as mulheres tinham afinidade com os vegetais usados para confeccionar cestos e roupas tecidas, é bem possível que também fossem suas mãozinhas que as costuravam... De Pierre Cardin a Alexander McQueen, nossos maiores estilistas costumam ser homens, mas é muito provável que as mulheres desempenhassem um papel importante na confecção dos vestuários de antigamente. As atividades femininas muitas vezes se tornam masculinas quando passam a ser prestigiosas e saem da esfera doméstica. A cerâmica e a tecelagem na África são bons exemplos disso.

Como Francesco d'Errico aponta, os arqueólogos do passado não tiveram grande dificuldade em admitir a divisão sexual do trabalho nesse assunto: "Tradicionalmente, pensava-se que eram as mulheres que faziam as agulhas de osso, porque era isso que víamos nas populações Inuit ou ameríndias...".

Podemos, todavia, extrair uma constante antropológica dessa informação? A costura era uma atividade feminina? Entre as populações estudadas pelos etnólogos, algumas atividades parecem ser preferencialmente femininas, e é o caso do artesanato têxtil. Alguns contraexemplos, contudo, nos impedem de imaginar que essa atividade fosse estritamente proibida aos homens. Na África Subsaariana, por exemplo, os tecelões geralmente são homens. Francesco d'Errico nos convida a abrir a mente a todas as possibilidades: "É provável que as agulhas fossem usadas pelas mulheres, mas é possível que os homens também as manipulassem... ou mesmo as produzissem!".

Não esqueçamos que hoje, a 2.500 quilômetros daqui, os homens islandeses sabem tricotar suéteres com temas florais complexos tão bem quanto as mulheres. A divisão sexual dessa tarefa não faz sentido para eles, e eles estão apenas honrando uma tradição secular. Pode ter acontecido o mesmo com os membros de certos grupos pré-históricos que não reservaram a arte da beleza apenas para Lady Sapiens.

Porque é verdade que a diversidade de materiais colocados a serviço da impressionante criatividade dos costureiros da Pré-História deu origem a algumas roupas muito refinadas. Para acompanhar essas vestes trabalhadas, os pré-históricos também construíram uma caixa de joias que não deixa nada a desejar às nossas. Agora sabemos que os ornamentos não eram reservados às mulheres, mas a confecção das joias também era uma atividade mista? Isso é bem possível, pois, se seguirmos a consideração de Michèle Coquet, "não existe uma divisão tão clara das tarefas entre os sexos: existe uma permeabilidade. Os homens podem costurar, produzir ornamentos, fazer pinturas corporais...".

Entretanto, algumas joias antigas parecem ter sido feitas por pessoas que tinham mãos muito pequenas... Essa particularidade certamente não é exclusividade das mulheres... Randall White acredita que é a elas que devemos as miçangas encontradas no abrigo Cellier na Dordogne:

> Encontramos muitas contas bastante finas: elas são minúsculas, com uma circunferência média de seis milímetros! Nós reconstituímos o processo por meio de experimentos, e a fabricação de cada uma dessas contas deve ter durado, em média, três horas de trabalho. [...] Eu tenho mãos relativamente normais para um homem e não consigo fazer a menor dessas contas... Simplesmente não consigo segurá-las com firmeza suficiente na mão para trabalhá-las. Por outro lado, a grande maioria das minhas alunas pode realizar essa tarefa! Isso parece apoiar a ideia de que essa atividade era predominantemente feminina.

Tecelã, costureira, joalheira... Poucas atividades parecem inacessíveis às mulheres da Pré-História. Sem contar que o trabalho da pele e do couro também está associado ao mundo feminino! Aqui, novamente, a alteração das mandíbulas femininas constitui pistas interessantes: os incisivos podiam ser usados como uma espécie de terceira mão para a tecelagem, e também como um instrumento para o trabalho do couro. Em algumas sociedades tradicionais, as mulheres têm o hábito de mastigar as peles para amolecê-las. Entre os Tigara de Point Hope, que viviam no Alasca entre entre 750 e 250 antes da atualidade, os dentes da frente eram ferramentas indispensáveis para amaciar as peles de animais e fazer fios a partir dos tendões. Um hábito talvez herdado dos tempos pré-históricos, como apontam os pesquisadores Katarzyna Górka, Alejandro Romero e Alejandro Pérez-Pérez.[13] Da mesma forma, outro estudo, realizado a partir da análise de dezenove esqueletos

13 Ver, desses autores: "Dental-Macrowear and Diet of Tigara Foragers from Point Hope, Northern Alaska", *Anthropologischer Anzeiger*, v. 73, n. 3, pp. 257-64, 2016.

neandertais por Almudena Estalrrich e Antonio Rosas, conseguiu mostrar que as mulheres usavam os dentes da frente muito mais do que os homens nas atividades não alimentares. Uma pista inicial para uma reflexão sobre a distribuição sexual do trabalho durante a Pré-História!

A cerâmica apareceu no Neolítico por volta de 7.500 a.C., mas essa inovação teve precedentes. De fato, o cozimento da terra crua foi registrado desde o Paleolítico Superior em três sítios da Europa Central; dois datados de cerca de 27 mil anos e um terceiro, mais recente, datado entre 19.500 e 17.500 anos. Trata-se, é claro, de invenções independentes. Já mencionamos uma das mais belas Vênus da Europa Central feita de argila, a de Dolní Věstonice. Essa técnica provavelmente permaneceu inalterada no Paleolítico e não resultou em aplicações práticas, como a cerâmica, mais tarde. Alguns pesquisadores sugerem que talvez devamos essa mutação importante a uma invenção feminina! E se os primeiros ceramistas fossem mulheres? De acordo com Dani Nadel, não há dúvida sobre isso em alguns lugares:

> Em certos sítios pavlovianos da República Tcheca, fabricava-se pequenos objetos de cerâmica que provavelmente eram cozidos no forno. Em particular, estatuetas de animais e humanas muito delicadas... De acordo com as impressões digitais identificadas nesses objetos, as últimas pessoas a terem tocado neles antes de cozinhar eram principalmente mulheres. Isso significaria que, na fabricação das pequenas estatuetas de animais, principalmente mamutes, as mulheres teriam um papel muito específico!

A cerâmica propriamente dita foi inventada apenas muito mais tarde, pelos primeiros camponeses do Neolítico do Médio Oriente. E não é exagero dizer que ela mudou o estilo de vida de nossos ancestrais! Ao permitir novos sistemas de conservação e cozimento de alimentos, ela revolucionou a vida cotidiana. Porém, quando olhamos do lado da etnologia, a divisão sexual da produção da cerâmica é muito menos marcada do que a do trabalho com pedra ou plantas. Parece, como na culinária e na costura, que a cerâmica se torna uma atividade masculina quando sai da esfera doméstica e tende a se profissionalizar.

Se as mulheres de fato praticaram todas essas artes, pode-se admitir que elas deram uma contribuição significativa para a melhoria das condições de vida e para o avanço tecnológico global da humanidade. A tecelagem dos vegetais possibilitou desenvolver a arte da cestaria, o que, por sua vez, permitiu confeccionar todos os tipos de recipientes úteis para a pesca, para a coleta volumosa de bagas e outros vegetais, para o transporte de objetos e até mesmo de bebês. As peles costuradas foram usadas para proteger do frio, para fazer a cobertura de tendas e recipientes para armazenar alimentos líquidos ou sólidos. Mais tarde, a cerâmica possibilitou o transporte de mantimentos de forma mais intensiva e para lugares mais distantes. As mulheres, portanto, desempenharam, através dessas atividades produtivas cruciais, um papel essencial não apenas para a sobrevivência, mas também para o florescimento cultural dos grupos pré-históricos.

Mulheres artistas

Quando se trata de arte pré-histórica, as maravilhosas pinturas e gravuras das cavernas ornamentadas atraíram muito cedo a atenção dos pesquisadores. No entanto, por muito tempo, a identidade dos criadores dessas obras não foi nem ao menos questionada. Como se, obviamente, apenas os homens detivessem o monopólio das primeiras criações artísticas de nossa história.

Entretanto, a questão é legítima: a mulher do Paleolítico Superior poderia ter sido uma artista? Essa hipótese não era concebível para os primeiros pré-historiadores do século XIX, que viviam em um mundo onde as mulheres ainda não podiam aspirar à igualdade em termos de criação pictórica – no final do século, elas ainda eram privadas de certos cursos de belas-artes, incluindo o ateliê de nus masculinos, por motivos de decência. Michèle Coquet, contudo, testemunha que em muitas populações as mulheres são consideradas artistas legítimas:

> Entre os pigmeus do Congo, há mulheres pintoras: elas pintam padrões abstratos em cascas batidas com o sumo da árvore... Entre os antigos aborígenes australianos, as mulheres têm seu próprio repertório de pinturas corporais e também realizam desenhos no chão durante as cerimônias.

Então, por que não considerar as mulheres da Pré-História como escultoras ou pintoras? Afinal, elas sempre ocuparam um lugar especial na arte pré-histórica, no papel de tema privilegiado... Das delicadas faces representadas nas placas da caverna de La Marche às silhuetas esculpidas das Vênus da era gravetiana, as mulheres inspiram... E é possível que algumas delas tenham posado para artistas! Um pesquisador americano levantou a hipótese de que as mulheres do Paleolítico se representavam olhando para si mesmas em plongée, o que explicaria a deformação de algumas partes do corpo! Embora essa ideia seja considerada absurda pela maioria dos pré-historiadores – bastava que as mulheres observassem suas companheiras para conhecer sua anatomia –, o papel delas na arte agora é seriamente questionado.

Antes de imaginar as mulheres como mestres de ateliês, como Leonardos da Vinci dos tempos antigos, podemos primeiro nos perguntar sobre seu lugar na aquisição dos materiais necessários para a criação das obras. De fato, como vimos anteriormente, os artistas do Paleolítico Superior não hesitavam em usar pigmentos raros e exóticos cuja aquisição às vezes demandava longas expedições. Ora, nada impedia as mulheres, caminhantes tão resistentes quanto os homens, de fazer parte desses grupos... Mas nenhuma pista nos permite afirmar isso também!

De todo modo, tal cuidado no fornecimento de materiais de coloração mostra como as produções estéticas relevantes tinham um lugar importante no sistema simbólico e social dos grupos humanos da época. O tempo gasto fazendo painéis suntuosos – como o dos "cavalos com pintas" de Pech Merle, no Lot – deixa pouca margem para dúvidas. Ao admirar esse famoso painel, vemos mãos negativas enquadrando as figuras de animais. Elas foram feitas de acordo com o princípio do estêncil, quando os artistas sopram o pigmento em torno de suas mãos espalmadas nas paredes. A quem, então, pertenciam essas chamadas mãos negativas? É bem possível que os avanços na biologia possam fornecer uma resposta.

Dean Snow, professor de antropologia da Universidade da Pensilvânia, procurou determinar o sexo dos autores das mãos negativas. Para isso, ele usou o índice de Manning, segundo o qual a proporção entre os comprimentos dos dedos indicador e anular não é a mesma nos homens e nas mulheres. Usando um software de análise morfométrica, ele e sua equipe se lançaram no desafio de medir as mãos pré-históricas nas paredes das cavernas. A tarefa era repleta de dificuldades, porque, como Sophie A. de Beaune corretamente aponta, "a maioria das mãos negativas está incompleta... e, portanto, é difícil de analisar de acordo com o índice de Manning!".

Apenas 32 mãos completas observadas em oito cavernas, incluindo El Castillo, na Espanha, e Gargas e Pech Merle, na França, puderam ser analisadas. Descobriu-se que 24 delas eram femininas. Em Pech Merle, elas estão posicionadas logo abaixo dos majestosos cavalos, famosos por seus pontos na garupa!

Assim, pode-se concluir que as mulheres, de uma forma ou de outra, participaram da realização de algumas das obras parietais. Mas é ilusório pensar que um dia poderemos quantificar o número de artistas femininas que oficiaram nas cavernas.

O que significava a presença dessas mãos femininas perto das obras? Elas eram assinaturas, como fazem os pintores aborígenes que marcam suas obras com digitais? Essa hipótese, que permitiria afirmar que as mulheres realmente foram artistas, atrai muitos pesquisadores. Mas nada certifica que os criadores queriam afirmar sua identidade ao lado de suas obras, especialmente porque algumas mãos estão isoladas! É possível que elas tivessem uma função puramente decorativa ou, como em outros casos conhecidos em todo o mundo, que fossem simplesmente registradas para marcar o local de uma passagem, a exemplo dos grafites modernos. A presença de mãos femininas demonstra, em todo caso, que as mulheres frequentaram e enfrentaram a escuridão das cavernas em pé de igualdade com os homens. E outros tipos de impressões também estão lá para confirmar isso...

Seguimos o pré-historiador Philippe Galant nos meandros da caverna de Aldène, no Hérault (França), para decifrar as pistas da passagem dos humanos pré-históricos. No caminho, ele nos mostra vestígios de um facho na parede, mais precisamente carvão queimado. Para ele, trata-se de uma marcação intencional para balizar o caminho. Essas marcas são nada mais e nada menos do que um fio de Ariadne para sair da caverna sem problemas após uma exploração! Elas permitiram aos arqueólogos especificar a distância em que os indivíduos se aventuravam dentro dessas galerias subterrâneas. Mas não somente...

Uma análise cuidadosa dessas marcas indicou aos pesquisadores a morfologia das tochas de nossos ancestrais. Entre dez e dezesseis pequenos pedaços de madeira de zimbro foram coletados para fazer um feixe. Essa informação não é trivial, porque, ao reproduzir essas tochas e acendê-las, foi possível entender por quanto tempo o equipamento podia iluminar a caminhada dos pré-históricos! "Uma tocha pode iluminar entre trinta e quarenta minutos", nos ensina Philippe Galant. "Ao acumular as marcas de seu trajeto, percebemos que eles devem ter passado até três ou quatro horas no subsolo! Uma verdadeira exploração!"

Uma aventura ao longo da qual a mulher desempenhou seu papel tanto quanto o homem... Para confirmar isso, basta olhar para baixo e observar a lama: "Aqui, em trinta metros, temos rastros de pegadas. Entre quinhentas e seiscentas pegadas ao todo! Vê-se diferentes tamanhos e morfologias: vemos crianças, adolescentes e alguns adultos. Cerca de vinte pessoas, 26, de acordo com os rastreadores...".

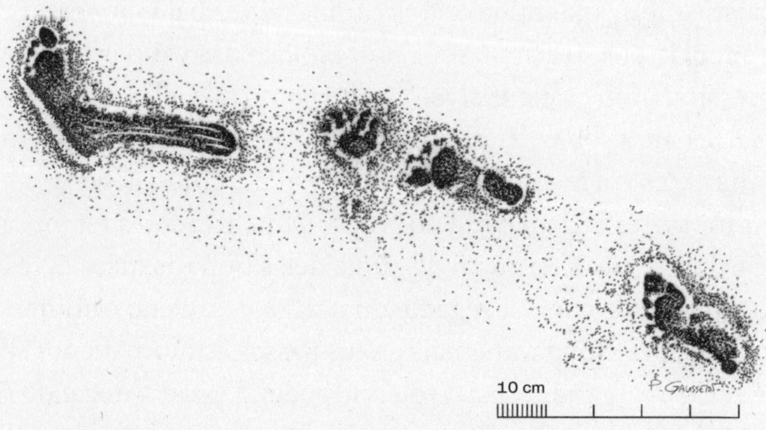

Pegadas pré-históricas na caverna de Aldène (Hérault, França).

Philippe Galant e Andreas Pastoors, da Universidade de Erlangen, na Alemanha, quiseram comparar os resultados obtidos graças a cálculos inteligentes e dados obtidos de uma maneira mais tradicional. "Nós trouxemos rastreadores da Namíbia. Eles vieram dar uma visão complementar ao nosso procedimento arqueológico: com uma abordagem muito mais sensorial do que a nossa, baseada em uma longa experiência de vida." Um programa de pesquisa sobre os vestígios das pegadas foi assim criado. Inventário, caracterização dos indivíduos presentes e descrição dos movimentos dos caminhantes foram cuidadosamente listados.

Os pesquisadores fizeram com que os rastreadores trabalhassem às cegas – ou seja, sem lhes dar nenhuma informação prévia –, para comparar as impressões deles com seus próprios resultados de análise. "É uma ciência! Eles lidam com o rastreamento desde a infância porque suas vidas dependem disso. Eles adquiriram conhecimentos múltiplos e podem identificar os movimentos corporais associados a cada pegada."

Foram necessários oito dias de trabalho para os rastreadores reconstituírem a identidade dos caminhantes paleolíticos... Seus métodos de observação e seus protocolos para validar hipóteses impressionaram os cientistas: "Assim como nós, eles fazem análises cartesianas sobre restos empíricos... Os rastreadores podem se enganar, é claro, mas da mesma forma que o arqueólogo".

As mulheres faziam parte do grupo. Os rastreadores foram capazes, inclusive, de determinar que uma delas tinha as mãos livres na ida, mas que deve ter carregado uma carga pesada no caminho de volta. Seus pés afundavam mais e seus passos estavam menos seguros devido à carga adicional. O que ela poderia estar carregando? Pedras? Argila? E se ela estivesse carregando nas costas, simplesmente, uma criança cujas pegadas eram claramente visíveis na ida, mas que haviam desaparecido no caminho de volta? Cansada após a longa caminhada, a criança provavelmente teria pedido para ser carregada.

Na ausência de elementos tangíveis, apenas uma cautela científica elementar deve permanecer: "Muitas vezes se pensa que os artistas das cavernas eram homens", lembra Sophie A. de Beaune. "Não podemos afirmar que as mulheres são as autoras das magníficas pinturas de Lascaux, Pech Merle ou Chauvet... Mas também não podemos dizer que são os homens! Não há evidências científicas para decidir por uma afirmação ou outra."

Se as mulheres eram artistas, seu talento lhes dava um valor especial entre os outros membros do grupo? Sophie A. de Beaune não tem certeza disso: "Os artistas provavelmente tinham um status específico. Podemos ir tão longe a ponto de dizer que eles tinham um 'poder' particular? É um pouco difícil dizer".

A prática da arte era certamente valorizada pelos grupos pré-históricos, porque é impossível imaginar que os artistas poderiam ter alcançado esse grau de conhecimento técnico e de experiência sem milhares de horas de treinamento! Geneviève Pinçon, enquanto admira as esculturas femininas do abrigo Roc-aux-Sorciers, destaca as vantagens de que se aproveitaram os artistas pré-históricos para se dedicar plenamente à sua disciplina: "Se é escultora, ela teve tempo disponível para produzir o trabalho e devia ser uma personagem dentro de seu grupo! Acho que o talento de cada indivíduo era percebido e servia ao grupo como interesse geral".

Lady Sapiens, uma mulher plural...

Após longas horas de exploração em busca das atividades femininas pré-históricas, o papel de Lady Sapiens toma forma com mais precisão, apesar de algumas incertezas que persistem. Os paralelos entre os dados etnográficos e os vestígios arqueológicos permitem propor modelos valiosos, mas isso nem sempre é suficiente, porque as indiscutíveis evidências diretas de que um trabalho foi realizado por um homem ou uma mulher são extremamente raras. Como cada situação decifrada pode ser tanto excepcional quanto normal, devemos ter cuidado para não generalizar de forma precipitada.

Não há dúvida de que as mulheres da Pré-História eram hiperativas e versáteis, assim como os homens! Também é muito provável que, dentro desses pequenos grupos, a especialização não tenha sido uma prática comum, porque ela dificilmente é favorável à sobrevivência em caso de um contratempo! Assim como parece absurdo imaginar as mulheres limitadas em suas atividades porque não sabem como produzir uma lasca de sílex, parece impossível acreditar que os homens fossem incapazes de preparar algo para comer na ausência de mulheres! A categorização das atividades em todas as direções costuma ser prerrogativa de sociedades com um grande efetivo demográfico. Se os indivíduos eram capazes de realizar atividades especializadas, respondendo a um determinado desejo ou talento, a desenvoltura deveria ser necessária para todos os membros da comunidade. Longe de uma relação de dependência entre indivíduos, é mais plausível imaginar uma relação de parceria, uma cooperação entre todos com uma divisão de tarefas em função das habilidades. Comunidades humanas onde, como vimos, homens e mulheres não viviam exclusivamente da caça, longe disso...

E é provável que os papéis atribuídos a um ou outro sexo não fossem tão claros quanto os primeiros pré-historiadores queriam acreditar. Como apontado no início deste capítulo, os Inuit modernos foram observados primeiramente através do prisma distorcido de uma divisão sexual absoluta, antes que uma atitude mais rigorosa permitisse apreciar a flexibilidade e o bom senso da organização de sua sociedade. Da mesma forma, os óculos do preconceito podem agora ser removidos para tentar abordar a questão em termos pré-históricos.

É bem possível que a gestão das identidades sexuais tenha sido muito mais aberta e tolerante durante a Pré-História do que hoje em dia. Talvez Lady Sapiens pudesse trazer água para o moinho da desconstrução dos estereótipos de gênero que ocorrem em nossa sociedade.

7

Mulheres de poder

Lady Sapiens era inquestionavelmente uma mulher de ação. Graças aos conhecimentos combinados de arqueologia, antropologia e etnografia, sabemos hoje que ela esteve envolvida em muitas atividades cotidianas, essenciais para a sobrevivência de seu grupo. Mãe alimentadora, caçadora, coletora, artesã, artista e talvez mais...

Descobertas recentes esclarecem seu status privilegiado entre as sociedades do Paleolítico Superior. Assim, os pré-historiadores preveem que Lady Sapiens pode ter sido uma mulher de poder. Mas como os arqueólogos podem encontrar vestígios disso? O poder, como a emoção, não fossiliza. No entanto, os progressos formidáveis da arqueologia abrem novos campos interpretativos. O primeiro desafio é descobrir quais formas de poder existiam na época de Lady Sapiens.

O poder dos caçadores-colhedores

"A mulher tem uma posição forte, isso é certo... mas é difícil saber qual!" Qual ou quais? Podemos ir além da dúvida expressa aqui por Catherine Schwab e descobrir a posição social de que Lady Sapiens pôde desfrutar?

Os especialistas têm hoje os meios para responder parcialmente a essa pergunta. Não há nenhuma razão para que as mulheres não participassem das atividades importantes do grupo. Portanto, elas puderam ocupar "posições de responsabilidade" da mesma forma que os homens.

Para ver um poder econômico surgir, é necessário esperar pelo Neolítico, cerca de 10.000 a.C., e especialmente o advento das idades dos metais. Alguns indivíduos têm então acesso privilegiado a matérias-primas e redes de distribuição de mercadorias. No Paleolítico, já existem circuitos de trocas entre grupos distantes, mas a baixa demografia das povoações humanas não impõe uma regulação desses fluxos por uma figura de autoridade. Comerciantes ricos e chefes de minas ainda não haviam surgido. Entretanto, não se exclui que certos indivíduos, homens ou mulheres, possam já ter responsabilidades específicas, refletindo um certo poder, de acordo com suas aptidões ou seu gosto por atividades particulares. Michèle Coquet aponta que "entre os caçadores-coletores, algumas mulheres atingem uma posição particular em função do que foram durante suas vidas: quando ajudaram o grupo a sobreviver em situações difíceis, por exemplo". Isso nos coloca na pista de uma Lady Sapiens especialmente honrada por seu grupo, encontrando reconhecimento graças a seus múltiplos talentos.

Como as mulheres do Paleolítico ganharam prestígio e respeito junto a seus semelhantes? Os caminhos de vida dos caçadores-coletores eram provavelmente tão imprevisíveis quanto os nossos: os golpes do destino, bons ou ruins, eram uma ocorrência diária na existência do grupo. Em caso de doença, confiava-se no poder do curandeiro e em seus remédios, principalmente à base de plantas; quando surgia um conflito, era valioso recorrer a um indivíduo calmo e de fala comedida, um mediador capaz de restaurar a harmonia. Em caso de escassez, o caçador habilidoso provava ser indispensável. Diante das provações que não podiam ser superadas por nenhum talento especial (desastre natural ou meteorológico, surto de epidemia atacando os animais de caça etc.), é possível que tenham existido indivíduos capazes de interferir junto a espíritos ou poderes superiores, aqueles que são comumente chamados de xamãs, embora sua existência seja puramente hipotética. Entretanto, graças à etnografia, sabe-se que as mulheres xamãs são conhecidas em algumas populações.

Vejamos o que o estado da ciência nos permite dizer, mais precisamente, sobre o poder de nossas ancestrais.

Líderes em potencial?

Nossos ancestrais da Pré-História criaram as primeiras chefias? A presença de uma personalidade dominante, detendo um poder de decisão particular dentro do grupo, já existia no Paleolítico? Para Michèle Coquet, tentar descobrir quem eram os líderes da Pré-História talvez revele um anacronismo:

> As sociedades de caçadores-coletores são relativamente igualitárias. Falar de um "chefe" costuma ser inapropriado, mesmo que haja personalidades que se tornem centrais por seu talento para a caça ou por

> sua capacidade de resolver conflitos no grupo. Uma mulher poderia muito bem ter assumido uma posição semelhante!

Essa posição seria acompanhada de benefícios, prestígio e respeito. Por exemplo, entre as populações que vivem ao redor do Círculo Polar Ártico, a distribuição da carne é realizada em função da importância dos indivíduos: as melhores peças – com mais gordura – irão para os mais respeitados e ilustres, para os anciãos etc. De acordo com Michèle Coquet, "é totalmente concebível que as mulheres tenham adquirido uma posição de 'referência' em sua comunidade. Alguém que é convidada a tomar decisões pelo grupo porque ela é capaz, inteligente, unificadora no contexto da vida em conjunto".

Nas sociedades pré-históricas, refinadas e sensíveis às representações (ver o capítulo 3), os indivíduos importantes tiveram que ser identificáveis à primeira vista. Pode-se, portanto, pensar de forma legítima que os homens e as mulheres eram enfeitados de forma cuidadosa para marcar sua distinção social. A propósito, as vestimentas ou os ornamentos exóticos – e, portanto, raros – costumam sinalizar uma posição especial. No Paleolítico Superior, é nas sepulturas mais suntuosas que surge uma série de indícios. Pois, embora o poder em si não se fossilize, algumas marcas de prestígio acompanham o defunto em sua última morada. Dani Nadel explica que as mulheres não eram menos favorecidas do que os homens em suas sepulturas:

> Perto do kibutz Ein Gev, há um sítio de 21 mil anos... Lá foi encontrada uma cabana dentro da qual uma mulher havia sido sepultada. Ela estava enrolada e havia um grande prato de basalto muito perto dela, o que poderia ser uma pista do que ela era. Mulheres e homens, portanto, eram enterrados com o mesmo respeito. Talvez porque tivessem funções semelhantes!

Outros exemplos de sepulturas paleolíticas argumentam a favor de indivíduos com posição privilegiada e até prestigiosa, independentemente de seu gênero.

A majestade da Dama do Caviglione

A Dama do Caviglione foi descoberta no complexo de cavernas de Balzi Rossi, na Itália. O sítio encerra um primeiro indício precioso que revela o respeito que o grupo dedicava a essa mulher. O professor Henry de Lumley descreve, com um deslumbramento que o tempo não conseguiu alterar, o curso provável dessa inumação:

> Essa mulher certamente tinha um papel importante na sociedade. Na época de sua morte, aos 37 anos, ela foi enterrada de uma maneira esplêndida; nem todas as personalidades eram enterradas com tanta realeza. Na entrada da caverna do Caviglione, essa dama se beneficiou de um rito fúnebre bastante sofisticado e que girou ao redor do cavalo. Um cinzel de osso de cavalo foi colocado na frente de seu rosto; sobre a sepultura, foi encontrado um pingente esculpido em um metatarso de cavalo (osso do pé de cavalo); 1,60 metro acima do solo, um magnífico equídeo foi gravado na parede.

Além desse cavalo gravado, vários objetos notáveis acompanham a Dama do Caviglione em seu leito de morte: duas lâminas finas talhadas no sílex, provenientes de uma pedreira a mais de 150 quilômetros da caverna e, sobretudo, um adereço de cabeça trançado de conchas mediterrâneas, forrado com uma centena de caninos de cervos machos e fêmeas. Pouco antes do enterro, o corpo foi completamente coberto de ocre vermelho.

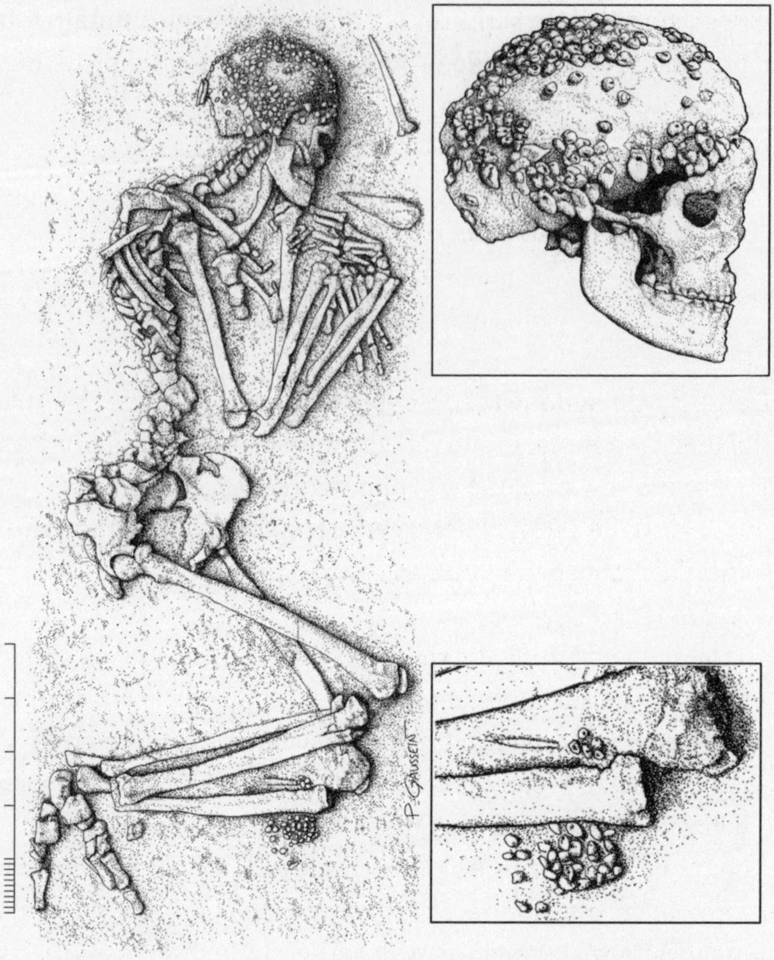

Sepultura da Dama de Caviglione tal como foi descoberta na caverna de mesmo nome (Ligúria) por Émile Rivière em 1872.

A sepultura é fruto do trabalho de um grupo e, portanto, atesta o respeito que seus membros têm pelo defunto. Isso é apontado por Antonella Traverso, curadora do museu de Balzi Rossi, localizado ao lado da caverna onde a Dama do Caviglione foi descoberta:

Por que uma comunidade pré-histórica, a comunidade dos vivos, se privou de objetos ainda funcionais, como lâminas de sílex, ou ornamentos tão bonitos e ricos, e os deu a essa mulher? Por que se privar desses objetos preciosos, pelos quais foi necessário viajar tantos quilômetros e se esforçar tanto? Na minha opinião, essas pessoas devem ter pensado que deveriam ser úteis ao falecido em prol de sua passagem ao mundo do invisível. Isso nos diz de forma indireta que havia uma espiritualidade nessas comunidades pré-históricas, a ponto de fornecer aos membros mais influentes, como a Dama do Caviglione, objetos essenciais para sua jornada, para sua vida após a morte. A comunidade dos vivos tinha um enorme respeito por essa mulher.

Uma outra sepultura, a de Saint-Germain-la-Rivière, dá fortes testemunhos desses tratamentos post mortem privilegiados concedidos a pessoas importantes.

A Bela Adormecida de Saint-Germain-la-Rivière

O sítio de Saint-Germain-la-Rivière é um abrigo rochoso localizado na Gironda (França), no sopé de uma falésia, no vale de Dordogne. Cerca de 15.700 anos atrás, no período magdaleniano, um grupo de indivíduos foi ali enterrar uma mulher.

Essa descoberta excepcional revela um verdadeiro túmulo, cavado para preservar o corpo da falecida. O esqueleto não foi danificado, apesar dos milênios que se passaram, o que prova um cuidado especial para manter o cadáver fora do alcance dos ataques dos abutres. Marian Vanhaeren detalha a reconstituição museológica dessa última morada, que "pertencia a uma jovem adulta, uma mulher. Ela estava bem protegida: duas lajes à sua volta e outras duas acima dela".

A defunta "estava encolhida na posição fetal", uma posição funerária comum na época. Ao seu redor, bens preciosos em grande quantidade: "muito ocre e adereços".

Sua vestimenta e joias totalizam mais de setenta presas de veado. Os dentes foram cuidadosamente selecionados de acordo com sua forma para compor pares. Os especialistas conseguiram determinar que pelo menos 65 cervos forneceram os caninos que adornavam a dama. E esses dentes não foram escolhidos ao acaso: "Esses animais eram principalmente machos jovens: são eles que produzem os mais belos caninos".

Esses objetos foram transmitidos por um longo tempo durante várias trocas. Essa hipótese não tem nada de surpreendente se considerarmos que a sepultura foi construída em um período em que os cervos haviam abandonado a região, onde já não havia matas por causa do frio que ali predominava. As presas da Dama de Saint-Germain-la-Rivière são, portanto, objetos excepcionais que não poderiam ser obtidos nos arredores do sítio. "Acreditamos que esses objetos sejam exóticos, que venham de longe", certamente muito mais ao sul, ou mesmo além dos Pirineus, onde as florestas estavam presentes e o clima era mais temperado.

Para a especialista, isso constitui um indício suplementar da posição excepcional da defunta:

> Nas sociedades tradicionais, os objetos exóticos com formas padronizadas são sempre objetos de prestígio. A Dama de Saint-Germain-la-Rivière teria, portanto, uma posição especial, marcada por seus ornamentos... Esses objetos foram acumulados ao longo do tempo para ela, para que fossem depositados em sua sepultura.

O professor Dani Nadel constatou o mesmo nos ateliês do sítio de Ohalo, em Israel:

> Descobrimos no sítio centenas de contas moldadas a partir de duas espécies de conchas: uma, o dentálio, uma concha fina e comprida como um palito de fósforo. Os artesãos o cortaram em lâminas. Também foram encontradas contas perfuradas feitas de outro tipo de concha, batizada de columbela. Essas duas espécies nunca viveram perto do lago Tiberíades, mesmo durante a última Era Glacial. Portanto, sabe-se que elas foram trazidas do Mediterrâneo, ou mesmo do Mar Vermelho. Isso nos indica que as pessoas, naquela época, investiam muito tempo e meios para fabricar essas contas a partir de matérias-primas exóticas. Talvez esteja relacionado à decoração... às mulheres... Mas talvez não haja conexão com o gênero... De qualquer forma, foram encontradas centenas delas.

Essas mulheres para quem os outros membros do grupo acumularam joias lideravam as comunidades humanas da época? Se for esse o caso, as estatuetas de Vênus poderiam representar essas chefes? Porque a história nos ensina que os poderosos gostam de ser retratados. Essa profusão de arte feminina constituiria prova da liderança de algumas mulheres? Catherine Schwab questiona se é relevante usar as representações artísticas para estimar o peso político de um gênero dentro do grupo: "As representações femininas são muito mais numerosas do que as representações masculinas. Daí a extrapolar e imaginar sociedades matriarcais onde é a mulher quem lidera os grupos em vez dos homens... talvez seja ir longe demais!".

"A importância crucial da fertilidade feminina para a sobrevivência do grupo me faz pensar que os humanos construíram um sistema matrilinear",[14] argumenta Marylène Patou-Mathis, enfatizando a dificuldade do exercício, pois "não temos evidências para falar sobre matriarcado generalizado."

14 Em contraste com o sistema patrilinear, um sistema social é chamado matrilinear quando a ancestralidade materna é predominante.

O matriarcado primitivo, uma sociedade em que o poder seria detido pelas mulheres, é uma utopia que se associou à imagem da Pré-História na década de 1970, quando arqueólogas feministas entraram na disciplina. Para elas, esse matriarcado era sinônimo de uma organização social pouco guerreira e relativamente igualitária. Tal paradigma permitia que essas feministas se manifestassem contra o sistema no qual se sentiam intimidadas, que consideravam falocrático e violento. A isso foi-lhes respondido que tais sociedades matriarcais não existem. A verdade é mais complexa, pois exemplos raros são encontrados, como os minangkabaus de Sumatra e os yanzis do Zaire (atual Congo). No entanto, essas sociedades matriarcais são muito minoritárias entre as populações modernas e tradicionais atuais. Porém, isso não prova que elas não poderiam estar presentes, ou mesmo serem dominantes, há 30 mil ou 15 mil anos. Há, além disso, uma constante interessante nos mitos fundadores africanos: muitos deles dizem que, nos primeiros tempos da humanidade, as mulheres tinham poder sobre os homens. Curiosas demais, fortes demais ou belicosas demais, elas muitas vezes cometem erros que levam as forças sobrenaturais a desconfiar dos seres humanos. Portanto, a situação deve ser revertida, e a mulher, submetida à autoridade masculina para um retorno à normalidade.

Que os sábios da África estejam certos ou não, alguns argumentam que as mulheres tiveram a oportunidade de ganhar poder como esposa ou filha do homem mais influente do grupo. Isso é possível em algumas sociedades, mas não em todas, como Michèle Coquet nos explica: "Entre os Inuit, as mulheres dos chefes têm uma posição especial. Mas, entre os caçadores-coletores, é muito raro que um casamento seja o motor de uma distinção social".

Para alcançar uma posição importante entre caçadores-coletores, talento e experiência em um campo específico parecem ser, portanto, o principal caminho. E é um campo em que as mulheres foram capazes de se distinguir muito cedo: o dos primeiros conhecimentos medicinais.

O poder de curar

"Se a mulher conhecia as propriedades das plantas, talvez ela esteja na origem da medicina." É isso que Sophie A. de Beaune aponta: se agora temos boas razões para pensar que as mulheres se destacavam por sua expertise na seleção de plantas úteis para a alimentação e para a fabricação de objetos do cotidiano, outras funções ainda mais vitais também devem ser levadas em consideração.

De fato, as plantas estão no centro dos cuidados, desde os primeiros cremes hidratantes até os antissépticos essenciais para a sobrevivência em caso de infecção. Dani Nadel encontrou vestígios de plantas não alimentícias no sítio de Ohalo: "Além das sementes de cereais, sementes de plantas medicinais também foram descobertas no sítio. Portanto, temos plantas alimentares, frutas comestíveis, espécies colhidas por suas virtudes terapêuticas,[15] e talvez até por sua beleza".

Esse uso de plantas, há 19 mil anos, não surpreende os arqueólogos, que conseguiram mostrar que os neandertais já usavam, há 49 mil anos, cataplasmas de plantas para aliviar a dor de dente! Na caverna de El Sidrón, na Espanha, um indivíduo tratou um abscesso dentário usando uma pasta vegetal contendo botões de álamo ricos em salicilato, uma aspirina natural. Os pesquisadores

15 A tamargueira, muito útil para curar feridas; o cardo, para aliviar dores de estômago; o meliloto, por suas propriedades coagulantes.

identificaram esse remédio analisando o tártaro dentário fossilizado do "paciente", uma valiosa fonte de informações.

Mais recentemente, todo um armário farmacêutico foi detectado nos coprólitos humanos encontrados no abrigo rochoso da Pedra Furada, no Brasil. Esses excrementos fósseis com cerca de 8 mil anos revelaram o consumo de plantas não alimentares, provavelmente para fins farmacêuticos. No estojo de primeiros socorros dos caçadores-coletores brasileiros, encontra-se com o que tratar qualquer tipo de doenças. Os problemas intestinais eram tratados por meio do consumo de medicamentos anti-disentéricos extraídos de árvores como a *Caesalpinia* e a *Terminalia*. Há também o uso de vermífugos, como o *Chenopodium* e o *Bauhinia*. As digestões difíceis eram aliviadas graças à infusão de pequenas plantas com flores brancas – a cabeça-de-velho. Plantas herbáceas da família das *Malvaceae*, cujas folhas podem limitar a infecção de feridas, também foram ingeridas. Para acalmar a dor, eram utilizadas folhas de embaúba. Enfim, os problemas do trato respiratório eram tratados com o marmeleiro ou velame: a casca de angico (*Cohoba Anadenanthera*), um poderoso expectorante.

Mais próximo a nós, é bem possível que os últimos caçadores-coletores do Mesolítico da Escandinávia tenham usado a betulina, que é encontrada no breu da bétula, um poderoso antisséptico. É isso que a descoberta feita em dezembro de 2019 por pesquisadores da Universidade de Copenhague parece revelar. Há 5.700 anos, na Dinamarca, uma mulher mastigou a pasta feita a partir da casca de bétula aquecida. A análise do DNA antigo de sua saliva revelou que ela sofria de mononucleose infecciosa. É possível que ela também estivesse ansiosa para tratar suas diferentes doenças bucais, incluindo herpes, novamente reveladas por marcadores de DNA. Deve-se notar, no entanto, que o breu da bétula tem sido comumente usado desde o Paleolítico Médio como cola para fixar lascas de sílex em um cabo ou haste. Portanto, essa mulher também pode ter mastigado essa pasta para amolecê-la antes de ser aplicada a uma ferramenta. Essa goma de mascar não é única; outra descoberta comparável foi feita em maio de 2019 na Suécia. Em um sítio do Mesolítico datado de mais de 9 mil anos e escavado no final da década de 1980, arqueólogos suecos descobriram em um poço uma centena dessas gomas de mascar de cor escura, do tamanho de um polegar, crivadas de marcas dentárias. A análise química de algumas dessas gomas confirmou que elas eram de fato breu de bétula. O DNA humano foi identificado em três dessas amostras: dois eram do sexo feminino e um, do sexo masculino. Em vista do tamanho dos dentes, estimado a partir das marcas deixadas na goma de mascar, os "mastigadores" eram jovens de cinco a dezoito anos.

De qualquer forma, é muito provável que os pré-históricos dominassem o uso terapêutico das plantas, e as mulheres, como guardiãs do mundo vegetal, foram potencialmente os primeiros médicos da humanidade.

Da medicina à magia, a fronteira às vezes é tênue. Em muitas populações tradicionais, xamãs e feiticeiros são, antes de tudo, terapeutas. E esses papéis não são negados às mulheres! Na Ásia Central, por exemplo, aquelas que são bem versadas em plantas podem se tornar xamãs quando estão velhas. Elas curam através do uso de plantas, mas também através da aposição de objetos mágicos e do intermédio de santos muçulmanos. Isso foi explicado ao etnomusicólogo Jean During por um velho xamã de oitenta anos, do sul do Cazaquistão, muito orgulhoso em aplicar com sucesso sua faca nas feridas dos pacientes para eliminar a dor deles.

Alguns arqueólogos fazem dessa forma a ligação entre feminilidade e magia para uso medicinal. No pingente em forma de Vênus encontrado em Hohle Fels, na Alemanha, Nicolas Conard gosta de ver uma função mágica e obstétrica: "Imagino que usar essa joia possa tornar as mulheres mais confiantes para enfrentar a gravidez, o que envolve uma mudança radical do corpo, mas também do parto, um evento importante para o grupo".

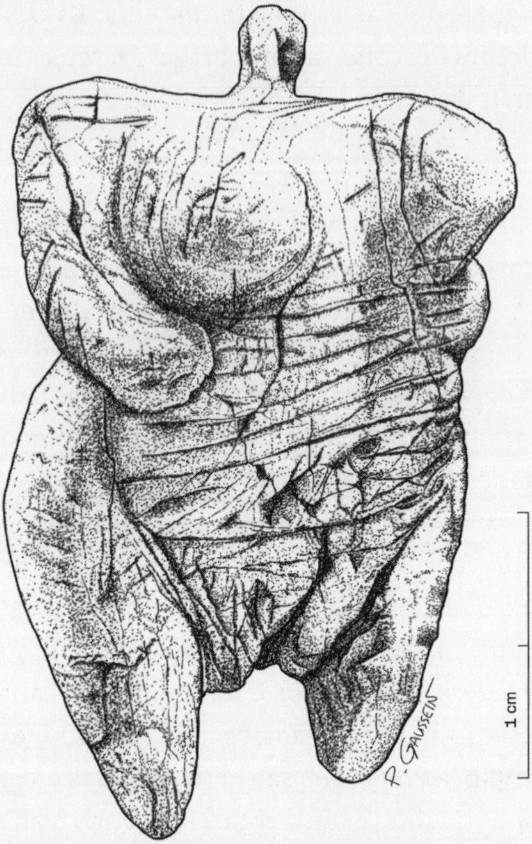

A famosa Vênus de Hohle Fels (Alemanha), pequeno pingente retratando uma mulher com fenda vulvar marcada e seios opulentos, era um amuleto profilático?

É difícil imaginar que um poder mágico voltado para a feminilidade e o parto não tenha estado nas mãos das mulheres, que possuem o conhecimento empírico da parturição. Entretanto, Nicolas Conard continua cauteloso:

> Estou especulando, é claro, mas vejo essa estatueta feita por uma mulher, usada por uma mulher e transmitida de geração em geração.

> O conhecimento associado à reprodução humana e ao parto, mas também muitos outros aspectos da fertilidade no sentido amplo, puderam ser transmitidos com esse objeto.

Nessa perspectiva, o que dizer da presença, nos excrementos pré-históricos, de vestígios da árvore tropical "pau-ferro", cujos frutos infundidos causam aborto? As mulheres brasileiras do oitavo milênio a.C. podem ter sussurrado esse segredo de geração em geração, a fim de regular a taxa de natalidade.

Parece muito natural para os pré-historiadores imaginar mulheres médicas... O mesmo deveria ser verdade para as funções mágico-religiosas, uma vez que estas muitas vezes andam de mãos dadas com o conhecimento em farmacopeia. Todavia, o xamanismo da Pré-História sempre foi associado aos homens... A culpa, talvez, seja das representações muito raras de personagens masculinos (há menos de uma dezena) cujos olhos esbugalhados parecem olhar para um mundo invisível. Prova disso é o personagem meio humano e meio animal da caverna magdaleniana (entre 17 mil e 10 mil anos antes do presente) de Trois-Frères, em Ariège (França), tradicionalmente chamado de Feiticeiro.

Um antropomorfo com orelhas e chifres de cervo está em pé em uma postura teatral. Esse personagem barbudo ostenta um rabo de cavalo e um aparelho genital masculino estranhamente localizado. É possível que esses atributos sejam postiços, da mesma forma que o arnês feito de galhada de veado. Por que então não imaginar, sob esse traje ritual, uma jovem para quem o mundo das plantas não tem mais segredos? Francesco d'Errico não descarta que as mulheres possam ter se relacionado com os poderes invisíveis:

> Em algumas populações siberianas, as mulheres eram xamãs: elas podiam se comunicar com os mortos, curar doenças. Dados como os do túmulo de Saint-Germain-la-Rivière parecem ir nessa direção...

Nada nos impede de pensar que as mulheres do Paleolítico Superior poderiam ter papéis sociais equivalentes aos dos homens no campo ritual, como em todas as outras áreas da vida social!

O Feiticeiro da caverna de Trois-Frères (Ariège, França) voltado para o espectador com seus olhos esbugalhados.

De fato, a conexão entre as mulheres e o xamanismo é conhecida na antropologia social. Esse é especialmente o caso das nenetses da Rússia e das buriates da Mongólia. Elas tocam tambor e fazem oferendas de leite de iaque para se comunicar com deuses, fantasmas e ancestrais.

As mulheres pré-históricas, portanto, puderam interceder entre humanos e potências superiores. Uma função mágica, que, para alguns, sugere que as primeiras formas de espiritualidade podem ter surgido na escuridão do mundo subterrâneo. Para outros, a arte parietal estaria ligada a uma mitologia articulada em torno do mundo animal. Mas tudo isso permanece muito especulativo: a jornada do – ou da – xamã é essencialmente uma jornada do espírito, e não fossiliza.

E as centenas de Vênus esculpidas em marfim, osso ou argila? Poderiam ser as primeiras divindades a quem nossos ancestrais devotaram um culto?

E se Deus fosse mulher?

Deve se admitir que muito pouco se sabe sobre a vida espiritual de nossos ancestrais do Paleolítico. Suas crenças, transmitidas de geração em geração pela tradição oral, foram perdidas nas brumas do tempo. Se os artistas representaram seu panteão nas paredes das cavernas e dos abrigos através da gravura e da pintura, as chaves para entender essas obras permanecem enigmáticas.

Esses animais poderosos, personagens híbridos – meio humanos, meio animais – e mulheres esculturais rodopiando nas paredes são a representação das entidades que, para nossos ancestrais, dominavam o mundo? Eles são totens, visões xamânicas, a representação de ancestrais ou espíritos da natureza? A força simbólica dessas obras pré-históricas permanece ainda hoje fora do nosso alcance!

Quando se parte em busca de uma divindade, é preciso conhecer seus atributos. De fato, os deuses carregam símbolos que permitem aos fiéis reconhecê-los. Ora, a figura da mulher é frequentemente associada a certas constantes de representação. Lembremos o quanto os signos sexuais e a maternidade são enfatizados nas Vênus paleolíticas: uma barriga rechonchuda, uma linha de pigmento típica de mulheres grávidas e seios às vezes arredondados para enfatizar a amamentação em curso, outras vezes caídos para evocar a amamentação passada. A mulher era uma figura de fertilidade? A famosa "deusa-mãe", que alguns arqueólogos acreditam reconhecer nas figurações femininas do Neolítico, teria suas raízes nos tempos paleolíticos?

Os afrescos gravados em Roc-aux-Sorciers poderiam sugerir que a mulher era uma figura simbólica relacionada ao controle da fertilidade dos grupos humanos. Talvez a ponto de se tornar uma deusa do amor e da reprodução, Vênus e Gaia de uma só vez. Catherine Schwab analisou essas Vênus de ventres arredondados: "Há estatuetas de mulheres que estão prestes a dar à luz: me refiro às de Grimaldi. São imagens de mulheres grávidas, estão representando esse episódio da vida das mulheres... Essa ênfase certamente tem um significado!".

No entanto, a interpretação das Vênus pré-históricas como figuras da "deusa-mãe" não é muito popular entre os jovens arqueólogos... A tese sustentada por décadas pela pré-historiadora americana Marija Gimbutas é hoje amplamente contestada. O professor Randall White explica como nossas interpretações são influenciadas pelo nosso presente:

> Esses objetos falam conosco, mas em uma linguagem que achamos difícil de interpretar. Os tipos de perguntas que fazemos a eles são imbuídos de preocupações espelhadas de seu tempo. Na França, após a Primeira Guerra Mundial, de repente começaram a ver nessas representações da mulher símbolos de fecundidade, de fertilidade. É preciso inserir essa interpretação no contexto da época: o governo estava implementando um enorme programa para aumentar a taxa de natalidade. Tantos homens foram mortos durante a guerra que o papel da mulher é explicitamente o de reprodutora. Provavelmente não é por acaso que a deusa-mãe teve muito sucesso nesse período!

Esses esforços de contextualização histórica da pesquisa são necessários para medir a influência da mentalidade do próprio tempo e os efeitos da moda na Pré-História. É provável que a atual rejeição da teoria da deusa-mãe pré-histórica também seja representativa do nosso tempo. Talvez porque, depois de centenas de anos sendo vistas como um útero, as mulheres de hoje se cansaram de ser a figura representativa de um parto... Entretanto, representar as mulheres como mães não significa minar seu papel na sociedade! Muito pelo contrário, "a parturição não é uma desvantagem ou uma maldição", Oscar Fuentes faz questão de enfatizar. "É um momento de poder da mulher, já que a outra metade da humanidade não é capaz de carregar a vida!"

No Museu da Pré-História de Blauberen, na Alemanha, que conserva alguns dos objetos cotidianos mais antigos dos caçadores-coletores do Paleolítico Superior e alguns dos primeiros tesouros artísticos da humanidade, o pesquisador Nicholas Conard presta atenção especial à Vênus de Hohle Fels. Para ele, ela é emblemática da potência divina da mulher:

> Estamos na sala mais importante do museu: aquela em que a estatueta feminina de Hohle Fels está exposta. Ela foi encontrada no verão de 2008 em um sítio arqueológico localizado a poucos quilômetros daqui. Um local ideal para questionar a arte, a identidade feminina e o papel das mulheres na história da humanidade!

Quando descreve a Vênus de Hohle Fels, ele confidencia, com os olhos brilhantes, ter que tomar cuidado para não passar meia hora detalhando a morfologia do maior tesouro encontrado durante suas escavações: "Ela foi feita em marfim de mamute. As características não deixam margem para dúvidas: o peito, a vulva. Estamos de fato diante de uma mulher".

Nessa Vênus, a cabeça está ausente. Essa não é a única parte do corpo que está oculta: "As pernas são praticamente inexistentes!". Para ele, essas características demonstram claramente o desejo do artista de representar muito mais do que uma pessoa: "Quando você apresenta um indivíduo, seu rosto importa! Aqui não se trata de um indivíduo, não se trata de movimento: tudo fala sobre a reprodução, sobre a própria essência da mulher".

Nicholas Conard insiste que essa "certamente não é uma representação realista", porque as mulheres pré-históricas não eram tão redondas... Pelo menos, não a maioria! No entanto, os cânones estéticos que valorizam mulheres fortes variam muito dependendo da sociedade: elas muitas vezes são o sinal de uma certa prosperidade, e a atração por silhuetas femininas filiformes é muito recente. É o que Catherine Schwab aponta:

> Em muitas civilizações do passado, uma mulher com formas muito redondas era sinal de que ela tinha como se alimentar. Isso significava uma certa riqueza. Podemos imaginar encontrar esse tipo de critério em populações do Paleolítico. A maternidade também devia ter sua importância. Através da valorização dessas mulheres cujos corpos carregam as cicatrizes de gravidezes múltiplas, os artistas podem ter desejado representar um símbolo da perenidade do grupo e ainda mais amplamente da humanidade... Por que não?

Para Nicholas Conard, essas egérias foram capazes de expressar a fertilidade em um sentido amplo, ou seja, também no mundo animal e vegetal:

> Certamente, a reprodução humana é essencial para a sobrevivência do grupo, mas está, sobretudo, por toda parte na natureza: nas plantas, nos animais. Tudo o que nos rodeia é um universo de vida e de reprodução essencial para a sobrevivência durante a Idade do Gelo.

Apesar dos atributos sexuais muito marcantes da Vênus de Hohle Fels, Nicholas Conard se recusa inteiramente a ver nela uma figura erótica. Para ele, a mulher pré-histórica retratada com curvas generosas "é uma analogia do mundo que circunda nossos ancestrais. Ela carrega dentro de si o reino animal, o reino vegetal, o ciclo das estações". Em suma, ela é o símbolo do Universo.

Essa hipótese é particularmente atraente e gratificante para nossas ancestrais femininas. Contudo, o professor emérito Denis Vialou nos adverte contra a tentação de generalizar: "Não se deve incluir as Vênus da Pré-História em um contexto que seria absoluto [...]. O conceito de 'deusa-mãe' atribuído a elas está essencialmente relacionado ao histórico dessas descobertas. Somos nós que inventamos a uniformidade dessas estatuetas". Para o pesquisador, parece perigoso imaginar que uma divindade poderia ter durado vários milênios sem o uso da escrita para transmitir a ideologia.

Outros especialistas não compartilham desse ponto de vista. Para eles, é bem possível que essas estatuetas sejam representações de divindades e que o mesmo discurso tenha circulado por amplas áreas geográficas. Alguns até imaginam as estatuetas de Vênus no centro de rituais religiosos muito especiais. Esse poderia ter sido o caso da Vênus de Hohle Fels, como pensa Nicholas Conard. No momento de sua descoberta, ela se encontrava abaixo do nível mais antigo da primeira ocupação humana da caverna.

> Talvez esse grupo tenha cavado um buraco para colocar a Vênus nele. Quando a descobrimos, a estatueta feminina de Hohle Fels estava na base do nível arqueológico aurignaciano (-38.000 anos). Esse período corresponde à chegada dos humanos modernos à Europa. Foi cavando além dessa camada estratigráfica aurignaciana que a encontramos.

Tais estatuetas encontradas em fossas cavadas no habitat também foram exumadas em dois sítios russos, Avdeevo e Kostenki I. Esse enterramento seria a evidência mais antiga de práticas rituais que acompanham crenças ancestrais? É interessante ressaltar que alguns artistas produziram intencionalmente fragmentos de corpos femininos. Mas por que então representar um corpo por segmentos?

Alguns pesquisadores acreditam que se trata da representação de um mito: o de uma deusa fragmentada cuja epopeia é encenada à sombra das cavernas sagradas. O historiador e filósofo Michel Serres gostava de salientar que muitas narrativas mitológicas apresentam deuses que são esquartejados... Da cosmogonia dos dogons à mitologia dos marindes da Nova Guiné ou do Egito faraônico, cenas míticas onde os corpos são cortados em pedaços, enterrados em lugares separados ou espalhados pelos quatro cantos do mundo constituem praticamente uma constante religiosa. Estaríamos então diante da prova da existência de um personagem mítico muito antigo?

A hipótese mais simples e provável é que os artistas muitas vezes escolhiam representar a parte pelo todo, ou seja, fazer uma representação metonímica[16] dos homens, das mulheres e dos animais: foi assim que os chifres bastaram para representar o montês, a crina, o cavalo, os chifres de abas largas, o megácero, a linha dorsal com sua corcunda característica, o mamute, o falo ereto, o homem e, finalmente, a vulva e o peito, a mulher.

16 Uma figura linguística em que um conceito é denotado por um termo designando outro conceito que está conectado a ele por uma relação necessária.

A origem do mundo

I

Outras representações femininas pré-históricas parecem ter uma dimensão mitológica. É isso que Boris Valentin, professor da Universidade Paris 1 Panthéon-Sorbonne, defende depois de estudar com sua equipe uma gravura do sexo feminino localizada no coração da floresta de Fontainebleau.

Três fendas foram esculpidas pela mão humana, enfatizando a forma triangular naturalmente evocativa da rocha. O teto abobadado dessa cavidade sugere um ventre arredondado e, de cada lado do púbis, dois blocos em relevo evocam coxas sobre as quais dois cavalos galopam. O estilo desses equídeos permite datar a confecção desse painel gravado em cerca de 20 mil anos.

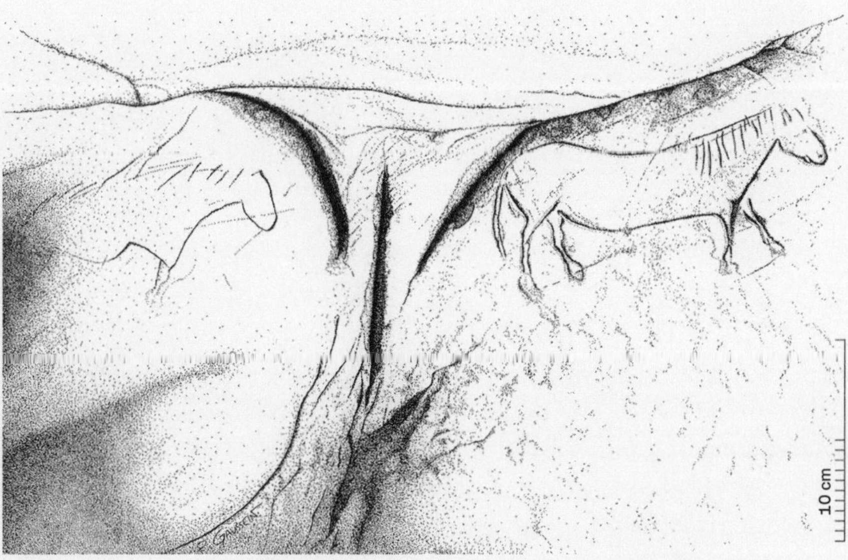

***A origem do mundo*, versão paleolítica, na floresta de Fontainebleau (Seine-et-Marne, França).**

Essa obra foi realizada na ponta de uma passagem estreita que evoca a passagem do recém-nascido no momento do parto. As últimas observações da equipe arqueológica demonstram que, durante uma enxurrada, a chuva flui naturalmente ao longo da fenda central, talvez sugerindo a perda de água pouco antes do nascimento...

Para o professor Valentin, trata-se de uma versão paleolítica da famosa pintura *A origem do mundo*. Tal qual um mito fundador, a mulher da Pré-História estaria na imagem da matriz original através da qual o mundo teria nascido. Uma cosmogonia da Idade da Pedra.

Posfácio

Lady Sapiens, tão perto de nós

Geralmente é no final de um trabalho de longo prazo que começamos a repensar os começos. Na primavera de 2018, logo após fecharmos nossa primeira investigação científica sobre o desaparecimento dos neandertais, o mundo da arqueologia estava constantemente se comunicando em torno das novas descobertas sobre as origens do *Homo sapiens*. À luz dessas informações, nós naturalmente pensamos primeiro, com Jacques Malaterre, em realizar um trabalho em torno de uma nova história do homem. Foi quando aconteceu o clique. Não era hora de seguir por outro caminho? E se, além dos notáveis trabalhos de síntese escritos sobre o assunto, tentássemos fazer a primeira pesquisa de campo para restituir uma existência, não ao homem das origens, mas à mulher da Idade do Gelo? Estávamos determinados a explorar essa nova história do homem, desta vez revelando a vida oculta de sua metade inseparável.

Nosso encontro com a pré-historiadora Sophie A. de Beaune foi decisivo. Ela aceitou ser nossa consultora científica, tanto no filme *Lady Sapiens* – algo com o qual nossa produtora Sophie Parrault (Little

Big Story) rapidamente concordou –, como no livro que você está prestes a fechar. Ela nos demonstrou sua confiança compartilhando conosco seus trabalhos inéditos, na época ainda no prelo da Oxford University Press: um estudo apaixonante com foco particular na distribuição de tarefas entre homens e mulheres do Paleolítico Superior. Pudemos então mensurar o enorme potencial do assunto que estava se abrindo para nós, e decidimos ir ainda mais longe, questionando a ciência em movimento para trazer Lady Sapiens de volta à vida.

Após nossas investigações realizadas nos laboratórios de paleogeneticistas, pré-historiadores e paleoantropólogos; após explorações perigosas pelas obscuras galerias de cavernas ornamentadas, cujas paredes e chão plurimilenares nós examinamos em busca da menor pista; após o encontro com os pesquisadores que decifraram meticulosamente as estatuetas femininas batizadas de "Vênus" e estudaram ao microscópio vestígios arqueológicos de material perecível que até então permaneciam invisíveis; após inúmeras trocas com etnólogos especialistas dos últimos povos de caçadores-coletores e de seu ambiente, podemos agora oferecer uma restituição do cotidiano de Lady Sapiens da forma como você acabou de descobrir, e afirmar, além de nossa íntima convicção, que nossas ancestrais pré-históricas eram essenciais para a sobrevivência de seus clãs.

Esta pesquisa factual das atividades cotidianas das mulheres *sapiens* do Paleolítico Superior permitirá, espero, acabar com uma série de clichês recorrentes. Os objetos exumados pelos arqueólogos nos falam e revelam, enfim, além do único papel da mãe alimentadora, uma Lady Sapiens sensível, preocupada com sua aparência, artesã talentosa, independente e autônoma na produção das ferramentas de seu cotidiano, provedora de recursos alimentares essenciais para a sobrevivência de seus congêneres. Quanto à sua participação na caça, uma atividade menos essencial do que o discurso dominante quis que acreditássemos, não há mais dúvidas: algumas mulheres do Paleolítico Superior, em pé de igualdade com os homens, lançaram armas para matar grandes animais, e provavelmente participaram de estratégias de caça menos perigosas com certa frequência. Acima de tudo, sabe-se que Lady Sapiens transformou os produtos da caça com talento.

Os pesquisadores que encontramos pelo mundo, na Europa, no Oriente Médio e nos Estados Unidos, concordam com o lugar fundamental que as mulheres ocupavam dentro do grupo. A complementaridade das disciplinas, às vezes as mais inesperadas, como esse encontro entre a arqueologia e os rastreadores namibianos que procuram descobrir a quem pertenciam as pegadas milenares deixadas no solo argiloso do mundo subterrâneo, agora torna possível refinar o máximo possível nossa compreensão dos diferentes papéis das mulheres dos tempos antigos: artistas, pioneiras da medicina em vista de seu conhecimento do mundo vegetal, figuras respeitadas, até celebradas. Podemos fazer da reflexão de Henry de Lumley a nossa: "A Dama do Caviglione tinha certamente uma posição especial, já que lhe foi oferecida uma sepultura excepcional... A grande questão é: qual?".

Talvez nunca saibamos se as mulheres enterradas em circunstâncias privilegiadas eram xamãs, chefes ou esposas de chefes, mas é muito provável que a ciência, nas próximas décadas, venha a desvendar os elementos que permanecem sem resposta no momento, especialmente porque as ferramentas disponíveis para os pesquisadores estão em constante aprimoramento.

Perspectivas de estudo

A melhoria das análises físico-químicas permitirá aprofundar cada vez mais a vida íntima de nossos ancestrais e desvendar seus segredos. À imagem do vínculo entre a mãe e o bebê: quem poderia ter imaginado há alguns anos que seria possível determinar a idade de desmame do pequeno *Homo erectus* e de seus sucessores, estudando, como Vincent Balter em seu laboratório em Lyon, as assinaturas isotópicas do esmalte dentário?

Graças à paleogenética, o DNA antigo em breve terá mais e mais para nos contar sobre nossa linhagem, nossas formas de encontro, nossa miscigenação. Agora podemos conhecer os laços de parentesco dos indivíduos enterrados juntos, bem como a evolução de sua aparência física. Podemos esperar descobrir as atividades compartilhadas entre homens e mulheres com mais certeza, multiplicando as análises dos remanescentes humanos. Embora a contaminação de amostras com DNA moderno nos prive de muitos dados, ela agora é bem menos recorrente, já que, há pelo menos uma década, os paleogeneticistas têm se deslocado até os sítios para colher amostras em condições ideais, evitando assim qualquer contaminação. Todos esses avanços permitem e permitirão cada vez mais responder a perguntas que atualmente estão em suspenso.

Avanços na precisão dos métodos de datação permitirão aos pesquisadores estabelecer uma cronologia cada vez mais detalhada da evolução humana em termos de arte e tecnologia.

Novas descobertas arqueológicas nos aguardam em sítios inexplorados ou ainda desconhecidos.

Outra pista parece promissora para entender o que fez de nós seres humanos. Pesquisas sobre a origem de nossos comportamentos sociais mostram que nossa evolução deve mais às nossas escolhas de vida em comunidade do que às inovações técnicas, como Jean-Jacques Hublin aponta: “Os trabalhos de Sarah Hrdy e outros antropólogos são muito importantes, porque eles mudaram o foco do progresso técnico para o progresso não só social, mas sobretudo comportamental”. Assim, um fenômeno aparentemente inócuo pode revelar mecanismos relacionados à evolução de nosso modo de vida em comunidade.

> Há uma pressão de seleção que favorece o altruísmo e a empatia, pois, de fato, esses grupos ancestrais não deviam ter sido a sede de muitos conflitos. Os indivíduos mais violentos, aqueles que matavam os outros, capturavam suas esposas, estou falando dos machos, obviamente, bem, eles foram deixados de lado, ou até eliminados. Isso gerou mudanças, não apenas comportamentais, mas também morfológicas: nossos traços físicos tornaram-se, no curso da evolução recente, cada vez mais amigáveis. Algumas características desapareceram, tais como o inchaço supraorbital – arcadas superciliares muito acentuadas –, uma característica potente observada em antigas formas hominídeas, em favor de sobrancelhas muito móveis que permitem toda uma gama de expressões e emoções. Tudo isso vai na direção de interpretar melhor as emoções dos outros, se comunicar, desenvolver empatia.

Essa evolução da vida em comunidade teve necessariamente repercussões nas relações entre homens e mulheres e criou um novo modelo social, que Sarah Hrdy e Jean-Jacques Hublin descrevem como "cooperativo". Assim, a criança de pouca idade não pertence mais a uma só mulher, já que a partir de então todo o grupo lhe dá atenção e cuida dela, o que aumentará suas chances de sobrevivência.

Hoje, esses novos eixos deslocam o centro de gravidade da pesquisa. A caça ou as inovações tecnológicas não são mais os únicos campos de investigação. E o papel das mulheres ancestrais tem um lugar essencial e primordial nesses estudos.

Reviravoltas são, portanto, esperadas; os pesquisadores de hoje e de amanhã abrirão o caminho para uma compreensão cada vez mais detalhada da origem de nossa humanidade comum. A aventura de Lady Sapiens está apenas começando a tomar forma diante de nossos olhos...

Culturas variadas

No decorrer desta pesquisa, muitos pesquisadores enfatizaram a originalidade de cada população que viveu na Europa durante o Paleolítico Superior. Embora seja possível que símbolos e representações circulassem entre os diferentes grupos, é improvável que eles compartilhassem a mesma organização social. Os papéis femininos, portanto, não podem ser generalizados a partir do estudo de um único sítio arqueológico. Marian Vanhaeren reforça que mantenhamos uma especulação aberta à diversidade: "Houve definitivamente diferentes organizações, de acordo com os lugares e os momentos. Inversões de papéis certamente ocorreram em determinados momentos e por vários motivos. Nossa visão da Pré-História deve estar cheia de variações".

"Ainda hoje, nas diferentes regiões do mundo, a posição da mulher não é a mesma em todos os lugares! O mesmo deve ter acontecido no passado." O bom senso dessa reflexão de José Braga deve orientar a nossa abordagem da questão.

Avançar juntos no respeito às individualidades

O individualismo só poderia ser sinônimo de perigo durante o Paleolítico Superior. Nesses grupos de vinte a cem pessoas, cada membro tinha que participar da vida da comunidade. Todos os humanos eram responsáveis pelos avanços e pelas peregrinações do grupo. Foi em conjunto que os primeiros representantes da humanidade construíram horizontes culturais diversos e sutis. Como Dani Nadel argumenta, "nossos ancestrais viviam juntos. Toda ideia, todo sucesso, todo fracasso ou toda invenção eram obra do grupo".

O pesquisador não imagina que essas células humanas demograficamente restritas poderiam ter pensado o contrário.

Seus colegas argumentam que o talento e os gostos individuais tinham que ser levados em consideração ao atribuir tarefas diferentes. Os grupos humanos eram governados por regras de conduta mais ou menos rígidas, mas é provável que as tarefas mais delicadas e que exigiam uma habilidade especial, como o corte de pedras ou a ornamentação de paredes das cavernas, fossem confiadas aos indivíduos mais talentosos, independentemente do gênero.

Mulher de ontem, mulher de hoje

Como Évelyne Heyer aponta, o estudo das sociedades da Pré-História e das atuais populações de caçadores-coletores nos ensina que não existe destino preestabelecido e que o campo de possibilidades é certamente mais amplo do que imaginamos. Não há apenas uma evolução.

> O estudo do passado e do presente nos ensina que não há apenas um caminho percorrido pelas sociedades humanas. Estas podem seguir rotas divergentes [...]. Finalmente, não podemos considerar um único caminho que todas as sociedades do passado teriam seguido, por onde passariam, etapa por etapa, de um estado de sociedade para outro, como se pensava no início do século XX.

É provável que as mulheres do Paleolítico Superior não fossem muito diferentes das de hoje. Generosas, hábeis, audaciosas e obstinadas:

as qualidades de nossas avós, mães e irmãs já estavam aninhadas no DNA de Lady Sapiens.

Michèle Coquet nos convida a lançar um olhar idealizado sobre a comunidade das mulheres, todas unidas em torno de uma mesma aspiração: encontrar a felicidade para si mesmas, mas também contribuir para construir a dos outros.

> Imagino que o que percebi na antropologia já fosse eficaz na Pré-História: percebo em particular uma grande solidariedade entre as mulheres. Da neta à avó, elas estão unidas por laços necessários de assistência mútua... de maneira muito próxima!

Essa solidariedade feminina não deve nos fazer esquecer que homens e mulheres estavam engajados juntos em uma aventura humana que exigia o esforço de todos. Os pesquisadores entrevistados durante esta pesquisa destacaram regularmente essa dimensão coletiva, como Claudine Karlin: "Precisamos dessa complementaridade homens-mulheres para sobreviver, e acredito que para os pré-históricos era igual: homens e mulheres precisam um do outro".

Não cabe à ciência determinar se a mulher é o futuro do homem... mas é preciso reconhecer que ela forjou significativamente seu passado. De agora em diante, cabe a cada um de nós, mulheres e homens, decidir qual papel queremos desempenhar individualmente para moldar o mundo de amanhã.

Graças ao trabalho árduo dos arqueólogos e à infinidade de indícios coletados, Lady Sapiens finalmente sai das sombras, livre do peso dos preconceitos. Sua respiração, seus passos, seus gestos encontrados convidam-nos a redescobrir a história das nossas origens. Uma história sensível e mais justa de mulheres e homens unidos em um destino comum do qual somos os herdeiros.

Thomas Cirotteau e Éric Pincas

Bibliografia sugerida

Mulheres pré-históricas: Obras gerais

BEAUNE, Sophie A. de; BALZEAU, Antoine. *Notre Préhistoire. La grande aventure de la famille humaine.* Paris: Belin, 2016.

BERROUET, Florian; HUREL, Alexandre. *Femmes: naissance de l'homme. Icônes de la Préhistoire*. Paris: Quai des Brunes, 2018.

BLAFFER HRDY, Sarah. *La femme qui n'évoluait jamais.* Paris: Payot, 2002.

____. *Comment nous sommes devenus humains. Les origines de l'empathie.* Paris: L'Instant Présent, 2016.

COHEN, Claudine. *Femmes de la Préhistoire.* Paris: Tallandier, 2021.

____. *La Femme des origines. Images de la femme dans la Préhistoire occidentale*. Paris: Belin-Herscher, 2003.

PATOU-MATHIS, Marylène. *L'homme préhistorique est aussi une femme. Une histoire de l'invisibilité des femmes.* Paris: Allary, 2020.

Homo sapiens e seus ancestrais: Um ponto de vista biológico

HEYER, Évelyne. *L'odyssée des gènes*. Paris: Flammarion, 2020.

___ (Org.). *Une belle histoire de l'homme*. Paris: Éditions du Musée de l'Homme; Flammarion, 2015.

HUBLIN, Jean-Jacques; SEYTRE, Bernard. *Quand d'autres hommes peuplaient la Terre: Nouveaux regards sur nos origines*. Paris: Flammarion, 2011.

RMN. *Vénus et Caïn. Figures de la Préhistoire, 1830-1930*. Paris: RMN, 2003.

Os caçadores-coletores

BAHUCHET, Serge. *Les Pygmées Aka et la forêt centrafricaine*. Paris: SELAF-CNRS, 1985.

CLASTRES, Pierre. *Chroniques des Indiens Guayaki*. Paris: Plon, 1972.

GESSAIN, Robert. *Ammassalik ou la civilisation obligatoire*. Paris: Flammarion, 1969.

MARSHALL THOMAS, Elizabeth. *Des gens sans méchanceté*. Paris: Gallimard, 1961.

SAHLINS, Marshall. *Âge de pierre, âge d'abondance: L'économie des sociétés primitives*. Paris: Gallimard, 1976.

TESTART, Alain. *Essai sur les fondements de la division sexuelle du travail chez les chasseurs-cueilleurs*. Paris: EHESS, 1986.

Sexo e osteologia

BRAGA, José *et al.* "Cochlear Shape Reveals that the Human Organ of Hearing Is Sex-Typed from Birth". *Scientific Reports*, v. 9, n. 1, 2019.

MURAIL, Pascal *et al.* "DSP: A Tool for Probabilistic Sex Diagnosis Using Worldwide Variability in Hip-Bone Measurements". *Bulletins et mémoires de la Société d'anthropologie de Paris*, v. 17, n. 3-4, pp. 167-76, 2005.

Nomadismo, alimentação, atividades físicas: Os modos de vida pré-históricos

BEAUNE, Sophie A. de. *Chasseurs-cueilleurs: Comment vivaient nos ancêtres du Paléolithique Supérieur*. Paris: CNRS Éditions, 2013.

___. "A Critical Analysis of the Evidence for Sexual Division of Tasks in the European Upper Paleolithic". In: OVERMANN, K.A.; COOLIDGE, F.L. (Orgs.). *Squeezing Minds from Stones: Cognitive Archeology and the Evolution of the Human Mind*. Londres: Oxford University Press, pp. 376-405, 2019.

IVITSKY MOLLESON, Theya. "The Eloquent Bones of Abu Hureyra". *Scientific American*, v. 271, n. 2, pp. 70-5, 1994.

JULIEN, Michèle; KARLIN, Claudine (Orgs.). *Un automne à Pincevent: Le campement magdalénien du niveau IV20*. Paris: Société Préhistorique Française, 2014.

MEEHAN, Courtney L.; CRITTENDEN, Alyssa N. (Orgs.). *Childhood: Origins, Evolution, and Implications*. Albuquerque: University of New Mexico Press, 2016.

OWEN, Linda R. *Distorting the Past: Gender and the Division of Labor in the European Upper Paleolithic.* Ilmenau: KernsVerlag, 2005.

TACAIL, Théo *et al.* "Assessing Human Weaning Practices with Calcium Isotopes in Tooth Enamel". *PNAS*, v. 114, n. 24, pp. 6268-73, 2017.

VALENTIN, Boris. *Le Paléolithique*. Paris: PUF, 2019.

VILLOTTE, Sébastian. *Enthésopathies et activités des hommes préhistoriques: Recherche méthodologique et application aux fossiles européens du Paléolithique Supérieur et du Mésolithique.* Bordeaux: Université Bordeaux I, 2008. Tese (Doutorado em Antropologia Biológica).

VILLOTE, Sébastian *et al.* "The Paleobiology of Two Adult Skeletons from Baousso da Torre (Bausu da Ture) (Liguria, Italy): Implications for Gravettian Lifestyle". *Comptes rendus Palevol*, v. 16, n. 4, pp. 462-73, 2017.

Arte e artesanato

ADOVASIO, James M.; SOFFER, Olga; PAGE, Jake. *The Invisible Sex: Uncovering the True Roles of Women in Prehistory.* Londres: Routledge, 2009.

___. "The Appearance of Plant Fiber Artifacts: An Upper Paleolithic Event Horizon". In: XVIIe Congrès International de l'Union Internationale des Sciences Préhistoriques et Protohistoriques. *Anais*... Florianópolis, 2011.

DUPUY, Delphine. *Fragments d'images, images de fragments: La statuaire gravettienne, du geste au symbole.* Marselha: Université de Provence-Aix-Marseille I, 2007. Tese (Doutorado em Arqueologia e Pré-História).

PARIS, Clément *et al.* "Premières observations sur le gisement gravettien à statuettes féminines d'Amiens-Renancourt 1 (Somme)". *Bulletin de la Société préhistorique française*, v. 114, n. 3, pp. 423-44, 2017.

VANHAEREN, Marian; D'ERRICO, Francesco. "Aurignacian EthnoLinguistic Geography of Europe Revealed by Personal Ornaments". *Journal of Archaeological Science*, v. 33, n. 8, pp. 1105-28, 2006.

Intimidade e sexualidade

BOZINSKI, Gerhard. *Femmes sans tête: Une icône culturelle dans l'Europe de la fin de l'ère glaciaire*. Paris: Errance, 2011.

BRODY, Benjamin. "The Sexual Significance of the Axillae". *Psychiatry*, v. 38, n. 3, pp. 278-89, 1975.

BUISSON-CATIL, Jacques; PRIMAULT, Jérôme. *Le Roc-aux-Sorciers: Rencontre avec le peuple magdalénien.* Chauvigny: Association des Publications Chauvinoises, 2012.

DELLUC, Brigitte; DELLUC, Gilles; DUHARD, Jean-Pierre (Orgs.). *Représentation de l'intimité féminine dans l'art paléolithique en France.* Liège: Presses Universitaires de Liège, 2017.

DELLUC, Gilles. *Le Sexe au temps des Cro-Magnons*. Paris: Pilote, 2006.

HAYDEN, Brian. *L'Homme et l'Inégalité: L'invention de la hiérarchie durant la Préhistoire.* Paris: CNRS Éditions, 2008.

HUBLIN, Jean-Jacques. *Biologie de la culture: Paléoanthropologie du genre.* Paris: Homo, Collège de France; Fayard, 2017.

IAKOVLEVA, Ludmila; PINÇON, Geneviève. "La frise sculptée du Roc-aux-Sorciers". *Bulletin de la Société préhistorique française*, v. 95, n. 1, pp. 110-1, 1998.

KIM, Peter S.; COXWORTH, James E.; HAWKES, Kristen. "Increased Longevity Evolves from Grandmothering". *Proceedings of the Royal Society B: Biological Sciences*, v. 279, n. 1749, pp. 4880-4, 2012.

KIRSHENBAUM, Sheril. *The Science of Kissing: What Our Lips Are Telling Us*. Londres: Grand Central Publishing, 2011.

LAHDENPERÄ, M.; LUMMAA, V.; RUSSELL, A. F. "Menopause: Why Does Fertility End Before Life?". *Climacteric*, v. 7, n. 4, pp. 327-31, 2004.

LUMLEY, Henry de. *La Grotte du Caviglione sous la falaise Baousse Rousse Grimaldi, Vintimille, Italie*. Paris: CNRS Éditions, 2016.

PERICH ALVAREZ, Helen. "Grandmother Hypothesis and Primate Life Histories". *Physical Anthropology*, v. 113, n. 3, pp. 435-50, 2000.

PICQ, Pascal. *Et l'évolution créa la femme*. Paris: Odile Jacob, 2020.

PICQ, Pascal; BRENOT, Philippe. *Le Sexe, l'Homme et l'Évolution.* Paris: Odile Jacob, 2009.

SVOBODA, Jiří A. *Dolní Věstonice-Pavlov. Explaining Paleolithic Settlements in Central Europe.* Austin: Texas A&M University Press, 2020.

TAYLOR, Timothy. *La Préhistoire du sexe.* Paris: Nouveau Monde, 2020.

TRINKAUS, Erik. "The Adiposity Paradox in the Middle Danubian Gravettian". *Anthropologie*, v. 43, n. 2-3, pp. 263-71, 2005.

FSC
www.fsc.org
MISTO
Papel | Apoiando
o manejo florestal
responsável
FSC® C112738

Fontes **Vinila, desenhado por Flora de Carvalho,**
e Lygia, desenhada por Flavia Zimbardi
Papel **Pólen bold 70 g/m²**
Impressão **Lis Gráfica**